政治神学の想像力

政治的実践としての
典礼のために

ウィリアム・T・キャヴァノー
William T. Cavanaugh

東方敬信・田上雅徳 訳
Translated by
TOBO Yoshinobu,
TANOUE Masanaru

Theopolitical Imagination
Christian Practices of Space and Time

新教出版社

Theopolitical Imagination
Christian Practices of Space and Time

This translation is published by arrangement with
T&T Clark
an imprint of Bloomsbury Publishing Inc.
through Japan UNI Agency, Inc., Tokyo

Translated by
TOBO Yoshinobu, TANOUE Masanaru

Shinkyo Shuppansha, Inc., Tokyo
2020

日本語版への序文

門外漢としての判断になりますが、日本のキリスト教は勇気によって特徴づけられた物語です。私たちが聞き及んでいるところでは、徳川期の殉教と、その後何世紀にもわたり、陰惨な迫害を背景にしながら自分たちの信仰に固執し続けた「隠れキリシタン」の例が、日本のキリスト教の典型を示しています。今日でも日本のキリスト教徒は少数派であり続けており、二〇世紀にあっては国家宗教のような障害に、二一世紀にあっては増大する世俗化に、彼ら彼女らは直面してきました。けれども、日本のキリスト教徒は一貫して創造的な少数派でした。もう一つの世界というビジョンに固執する勇気を、彼ら彼女らは持ち続けてきました。ここでいうもう一つの世界とは——それがどう傍から見えるのかはともかく——キリストが王であり、愛に満ちた神の摂理が人びとを促して、神との、そしてお互いとの和解に至らせる場所です。もう一つの世界は、それが見えるか見えないかは別として、昔から存在するものの中で今日もなお生まれ続けています。そしてそれにかかわる想像力を具現化するのが、キリスト教なのです。神の国はちっぽけな種のようなもので、私たちが寝ている間に芽を吹き、育っていきます。私たちのただ中で神がなさることは、多くの場合気づかれないものです（マコ４・26―32）。日本のキリスト教は、この希望を証言し続けています。

神のこうした隠れた働きを知るために求められるのは信仰であり、それを私は本書で「想像力」と呼びました。ただし、現実と縁のないものをこの言葉が指し示しているのではありません。むしろこの言葉は、空間と時間の成り立ちが――「世俗的だ」とされるそれであっても――世界のあり方や将来像についてのイメージに依拠している、という現実を伝えます。たとえば、国民国家は「想像の共同体」です。それは自然に存在しているのではありません。にもかかわらず、私たちは次のような物語を信じて疑わなくなっていますし、それを共有しています。すなわち、私たちは知りもしないし会うこともないだろう人びとと不思議な仕方で結びついている、という物語です。また私たちは、彼ら彼女らに自分たちの生活がかかっている、と思い込んでもいます。一見したところ「世俗的な」物語は私たちに、民族のために犠牲になることや、科学もしくは「自由な」市場で働く見えざる手によって人が救われることを、教え込んでいます。けれども、こうした物語が説得力を有するか否かは、私たちは誰なのか、私たちはいかなる危機に直面しているのか、私たちは何によって救われるのかについて、どういう想像力を働かせるかにかかっているのです。この意味で、日本のような「世俗化した」社会にあっても信仰が消え去るわけではありません。信仰は、その所在地を変え、国家や市場といった別の物語の中に具現化しているだけなのです。それゆえ、同じ語り口で神学的な想像力と世俗の想像力とに言及することは、議論の土俵に格差をつけないことにつながりますし、それを「神」と呼ぼうが呼ぶまいが、誰もが何かを拝んでいることに気づかせてくれます。偶像崇拝を難じる聖書は明らかにします。つまり、人間とは好んで被造物を拝むのであって、彼ら彼女らの帰依たるや、真の神ならざるものすべてに対して及ぶのです。キリスト教徒は想像力なしで事実に向き合っているわけではありません。そうではなく、キリスト教徒は、世界でいま働いている愛の神についての想像力に照らし合わせながら、正義と平和を志向しつつ、空間と時間をめぐるねじ曲がった想像力に向き合っているのです。

本書で私はキリスト教の想像力を、教会で執行される典礼とサクラメントの中に基礎づけました。このことによって、想像力とは単に人間の内面で生じるわけではないということが強調できるはずです。日本のキリスト教徒の生活は知的であることで知られていますし、教義にかかわる反省は確かに重要です。けれども、内面を働かせることは常に、身体に関係づけられる生活と切り離せません。「想像力」という言葉で私が訴えたかったのは、認識するまでもないことについての理解をキリスト教徒の生活が伴うものであって、それは慣習の中に具現化されている、ということです。ここで役立つのは、チャールズ・テイラーが提唱した概念「社会的想像」です。想像力とは個々人に任せられた活動ではありません。それはむしろ、共同体内で共有された物語や実践によって伝えられるものであり、その共同体が「世俗的」と称されるのか「宗教的」と称されるのかは問いません。どんな共同体であっても、社会的想像が及ぶ領域は、人びとが自覚的に考えていることよりもずっと広いし、ずっと深い。たとえば、たいていの人にとってナショナリズムとは、理論や話し合いによって擁護するものではありません。むしろナショナリズムは特定の儀式や慣習の中で——厳粛な場における国旗掲揚然り、国歌斉唱然り——、またそうした儀式が呼び起こす感性の中で具現化します。国境線を自然なものと受けとめさせるのは、歴史の記録に加えた精査ではなく、地図や国旗が私たちの意識に焼きつけたイメージなのです。どんな社会的グループであっても、そこにおける空間と時間の秩序づけは認識の問題ではまずなく、儀礼を伴うイメージや物語、および神話や伝説によってほぼ間違いなくなされます。同様にマーケティングも知性を重んじることはまずなく、むしろ、意識下のレベルに働きかけるイメージや物語に依拠します。そしてそうすることによって——車や電話、靴などの——製品が、人間に見られる「スピリチュアルな」所有願望と結びつくのです。

こうした理由により、本書は典礼に光を当てました。キリスト教の典礼も他宗教の典礼も含めてです。私たちが行う世界の理解は具現化するのであって、単に思考されるのではありません。神はメッセージを送っただけでなく、メッセンジャーを送って下さいました——神は受肉し、肉体を持った人間になりました——。それと同じように、キリスト教徒の生活も単なるメッセージではなく、空間と時間に規定された肉体の一連の動きです。教会でなされるサクラメントと典礼は、私たちが真理だと信じるキリスト教の物語の具現化です。「低教会《ローチャーチ》」的な典礼を有し聖餐をめったに行わない教派にとっても、礼拝は常に具現化されます。このことが最も明らかになるのはカリスマ派の礼拝様式で、そこでは身体をすべて用いて、叫び、踊り、歌い、手を上げ下げする等のことがなされています。企業のマーケティング担当者が人びとの心や本能に訴えかける術を知っているとするならば、キリスト教徒も人びとに訴えかけることに対して自己抑制すべきではありません。キリスト教が差し出そうとしているのは単なる新しい情報ではなく、イエス・キリストという人です。このキリストは神の具現化であって、パウロが述べるところでは、その体は私たちに他なりません（一コリ12）。つまり、キリスト教徒たる私たちはキリストの体を実践しているのであり、ということは、空間と時間をめぐるもう一つ別の想像力を働かせているのです。

日本の教会のように少数派の共同体は、どのようにしてキリストとキリストの王国をこの世で具現化するのでしょうか。実はこれは新しい問いではありません。イエスの昇天を見届けた後の初期のキリスト教徒も、同じ問題に直面しました。メシアはイエスとなって到来した、とキリスト教徒は宣べ伝えます。キリスト教徒ならざる人びとは顔を見合わせて尋ねました、「本当かい？何も変わったようには見えないよ」。世俗の権威によって拷問を受け、死ぬことになった人の中に、神は隠れていました。メシアは到来した。このことを証しするのに初期のキリスト教徒ができたただ一つのことは、新しい生活を生きてみせることでした。彼ら彼女らは共に礼拝し、パンを割き、暴力とは無縁で誰に対しても寛大な生活を送り、持ち物を共に分かち合いました（使2・42―47）。言い換えると、彼ら彼女らは自分たちの生活の中で神の国にかかわる想像力を具現化したのでした。これこそ、メシアが到来して世を贖ったということについて、初期のキリスト教徒ができる唯一の証しでしたし、私たちができる唯一の証しであり続けています。日本と世界中のキリスト教徒に対して、次のように語らなくてはなりません。私たちは創造的な少数派に召されているのであって、疲れ果てたこの世を見つめ、それに参与するために、新しくされた世界についての想像力を具現化します。私たちが召されているのは隣人を避けるためでも、この世と切り離されるためでもありません。神がそうであるように、人びとの中で喜びに満ちて生きるために、私たちは召されているのです。

この小さな書物は、そうした喜びに満ちた想像力に寄与することを意図しています。ですので、それがいま日本の読者に届けられることを私はうれしく思います。東方敬信教授と田上雅徳教授の訳出に、心から感謝申し上げます。

シカゴ、デポール大学

ウィリアム・T・キャヴァノー

はしがきと謝辞

本書の構想は、フランス語に訳すべく私の論文をいくつか集めるようにとスイスの出版社が依頼してきた時から始まっている。私はこの申し出を、相互に関連する論文を組み立て直す機会として受けとめた。これらの論文が一貫して関心を向けてきたのは、政治に関わるキリスト教的な想像力を今日にあって形成することである。初出論文の中にあった題材は再整理されているし、ところどころでは、目的に適うよう書き改めてもいる。こうした題材がこのたび、書物という比較的アクセスしやすい形で用いていただけるようになったことを、私は喜んでいる。しかし、この本は簡潔なものであるし、そして、将来ここでのテーマをより深く扱うことを約束する手形として位置づけられるだろう。

私が感謝を捧げたいのは、本書についての構想を最初に提案してきた、ジュネーヴにあるアド・ソレム社のグレゴリー・ソラリに対してである。本書は、やや異なる構成をとっているが、*Eucharistie et mondialisation: La liturgie comme acte politique* というタイトルのもとでのアド・ソレム社からの版に基づいている。英語版の制作を見守ってくれたT＆Tクラーク社のストラドフォード・キャルデコットにも感謝したい。多くの人びとが最初の頃の草稿に対して、洞察に満ちたコメントをしてくれた。フレデリック・バウアーシュミット、マイケル・バクスター、ダニエル・ベル、ジョン・バークマン、ジェイムズ・フォーダー、スタンリー・ハワーワス、マイケル・ホレリッヒ、ラインハルト・ヒュッター、D・シュテファン・ロング、ジェラルド・シェルバッハ、ポール・ウォイダのおかげで、ここで取り上げた諸論点について、私の考察は刺激を受けた。そして、いつものように妻のトレイシーの存在は私にとって、変わることのない支えとなっている。本書が捧げられるのは、私たちの子どもであるフィニアンとデクランに対してである。彼らは、家庭という共同体で生きることのリアリティを私と妻にもたらしてくれているのだ。

目次

政治神学の想像力

序論

空間と時間についての規律化された想像力

政治は想像力の実践である。時として政治は「可能性のアート」と呼ばれるが、それはそもそもアートなのであって、ちょうどアートがそうであるように、政治は想像力を呼び起こす。私たちは、政治や軍隊そして官職が関係する物質的な次元に目を奪われがちで、この次元が想像力によって組み立てられていることを忘れてしまう。田舎で育った若者が兵士として別の世界に送り込まれ、そこでまったく知らない人びとを殺さなくてはならないと教えられるのは、どのようにしてか考えてみよう。間違いなくいえるのは、この若者が国境線という現実を信じ切っていることであり、また、国境線によって突然制限される広さをもつ国民的共同体に対して、自分自身が深く神秘的に結びつけられていると彼が想像していることである。ベネディクト・アンダーソンが示したように、国民国家とは、重要だが歴史的には偶然に成立するタイプの「想像の共同体」であり、政治をめぐる私たちの考えはそれに集約されがちである(1)。

この小さな本が働かせようとしているのは、もう一つの異なる種類の政治的想像力であり、それはキリスト教のストーリーに根ざしている。三つの章で私は、国家、市民社会、そしてグローバリゼーションを順に分析する。これらを私は、教会が取り組まなくてはならない、それぞれ固有の自律性を有した馴染み深いテーマとして扱うことはしない。その代わり私は、国家、市民社会、そしてグローバリゼーションを、空間と時間をめぐる三つの、規律化させられ相互に関係づけられた想像力のあり方として提示してみたい。単なる「世俗的な」制度や過程とは異なり、ここでの想像力のあり方は、人間の本性と運命についてのストーリーに応じて体系化されており、その結果は神学的には非常に類似したものとなっている。いいかえると、「世俗的な」政治理論と思われているものは、実のところ、偽装した神学なのである。たとえば第一章で示すように、近代国家は暴力から人びとを救うという一つの救済論の上に築かれている。だからこれを、誤っているか「異端的な」救済論として見るようになれば、私たちの前には空間と時間についての、神学的な方向性に真に適った再想像の扉が開かれる。

フィリップ・エイブラムズたちが指摘してきたように(2)、国家それ自体というものは存在しない。存在しているのは建物であり、飛行機であり、納税申告用紙であり、国境警備隊である。

これらを「国民国家」と呼ばれる一つの事業へと動かすのは、時間観と歴史そして危険から救われる運命を共にしながら、特定の空間を占めることになった共同体をめぐる、規律化された想像力である。ここでいう想像力は、よりリアルな何かについての単なる象徴ではないし、物質的な「下部構造」を反映する非物質的な「上部構造」でもない。物質的な産物と文化的なそれとを分かつ方法などない。政治的想像力とは単純にいうならば、社会に存在する諸団体をまとめ上げる可能性を条件づけるものである。

近現代において政治が発見されたのは、ちょうど鉱石から鉄を分かつように、それまで不適切に混じり合っていた聖なるものと世俗的なるものとを、単に適切な仕方で分離したことによってではない。近現代において政治は発見されたのではなく、構想され、発明されたのである。第一章で示すように、私たちが「宗教」と呼んでいるものも、すなわち超越的なるものに対する個々人のまったく内面的な志向もまた、かなり最近になって発明されたものである。政治と宗教を想像力の活動だとすることは、それらが歴史的には偶然の産物だと認めることを意味しており、それゆえ、物事は必ずしもいまある仕方で存在しなくてもよいのだという希望をもたらす。またそのことは、政治的な想像力と神学的な想像力をいわば対等の関係に置き、かくして神学的想像力がもう一つの空間と時間を作り上げる可能性を切り開く。

近現代のキリスト教において神学的想像力は、あまりにもしばしば、近現代の政治を成り立たせているストーリーの中で見失われてきた。キリスト教世界というモデルは、国民国家が存在していることを正当としつつ、国民国家の指導を担うことで教会がかねてより占めてきた地位を保持しようとした。これに対して、新しいキリスト教世界のモデルは、現世的なるものの自律性を正当化しつつ、個人としてのキリスト教徒を通じて政治秩序に影響を与えようとした。「政治神学」と「公共神学」は、国家と市民社会が分離していることを当然視しつつ、この市民社会にもう一つ付け加わった利益団体として教会を位置づけようとした。だがこれらのモデルのどれも、近現代の政治を成り立たせている想像力が神学的に正当か否かを、根本的には疑問に付してこなかった。

グローバリゼーションという現実によっても、結局のところ、私たちは、空間と時間をめぐる想像力を再構成する機会を得ることになるだろう。国民国家という垣根を越えた通商と情報の交換は、一つの地球村の実現を約束するものでもあるし、それを阻害するものでもある。かつて非常に強固な領域をもつと思われた国民国家を規定する国境線は、すなわち、政治的な議論を行う際の「公共空間」を浮かび上がらせ、国内政策を対外政策から、同胞を見知らぬ人びとからはっきり区別させる国境線は、いまやきわめて抜け穴の多い姿を現し始めている。主権も、「領域で規定された保護壁ではなく、むしろ、国民国家の垣根を越えた複雑なネットワークによって特徴づけられる政治の交渉材料として」(3) 最も正しく理解されるようになっている。けれども、このことが意味しているのは、単なる国民国家の消滅ではない。第三章で論じるように、グローバリゼーションは実のところ、国民国家が有する最も危険な病理のいくつかを過剰に助長することを示している。それにもかかわらず、いくつかの点でグローバリゼーションとは、政治的なるものを国内的な仕方で検討することの破綻である。流動的な今日の状況によって少なくともキリスト教徒は、国内政治に対する仕方で政治的なるものと向き合うことがキリスト教的に妥当かどうか、再考察する機会を手にしている。

こうした文脈の中で、キリスト教徒が実りある方向に進む唯一の道は、空間と時間をラディカルに思い描くために、キリスト教の伝統の中にある神学的な資源を利用することだ。そう私はますます確信するようになっている。誤りと危険に満ちた政治的な平和の名の下に、世俗的な政治神学によってキリスト教神学が規定されることを、もはや私たちは甘受できない。キリスト教神学が放棄しなくてはならないのは、暴力という手段が意味するところのものすべてである。けれども同時に――そしてまさに同じ理由によって――神学が放棄してはならないものがある。それは、私たちが政治的だ社会的だと呼んできたものを内に含む世界の存在の仕方に関する、神学固有の率直な主張である。近現代の政治過程の根底にある想像力がひとたび誤った神学として示されるなら、私たちは、空間と時間に関する真に神学的な想像力を回復し始めることができる。そして、連帯と抵抗の拠点となる共同体が生起するのは、この想像力を中心にしてなのである。

以下の章で私は、時空をめぐるキリスト教的な想像力にとって特権的な位置を占めるものとして、聖餐を重んじることを提案する。空間に関していえば、ひとつの身体が、聖餐を祝う中で生起する。ここでいう身体は典礼的であると同時に公的である。より正確にいえば、身体としてキリストの体は、個々の信者の魂の中に隠された霊的な「意味」といったものに制約されることがない。聖餐において人びとは一つの共同体に集まるが、その共同体において、個人と集団の結集を量的に把握しようとする問題は人びとが参加し合うことによって克服される。そのうえ聖餐共同体は世界大のカトリカ（*Catholica*; 公同性）を作り出す。カトリカは普遍的ではあるけれども、常にローカルなレベルでのみ生起する。ここでいうグローバルなものとローカルなものとは単純ではない関係にあり、そこでは、人は普遍的なるものに統合されるようになればなるほど、その人は特定のローカルな共同体に結びつくのである。時間に関していえば、聖餐とは、そのむかし権力の手に渡されて死んだイエス・キリストの「危険な記憶」に関わる行いであり、同時に、イエスの復活に関わる行いである。そして、それはまた、未来に実現する神の国の終末論的な先取りでもある。イオアンニス・ジジウラスのいうところでは、この「未来の記憶」は、資本主義と国民国家が共に依拠する均等な時間の進展を、すなわち終わりがなく、ということは満ちることも目指すものもない時間の進展を中断させる。聖餐に際して私たちは仲間となるが、その仲間を成り立たせているのは単にいま生きているアメリカ人やドイツ人やイギリス人だけでなく、私たちより先に亡くなり、私たちが捉えようと努めている天に現在いる人びとでもある（フィリ3・13）。この終末論的な見解のもとで、私たちはすべての人間を、キリスト教徒も非キリスト教徒も同様に、少なくともキリストの体を構成する可能性をもつメンバーと見なさなくてはならない。このように聖餐が空間と時間を成り立たせる仕方は、私たちが政治的なるものを思い描く仕方からすれば、ラディカルな含意をもっており、ここでいう含意を私は以下の章で簡潔に述べていく。

キリスト教の私事化を克服しようとする近年のキリスト教徒の試みは、互いに関係する多くの理由によって大部分が失敗してきた。そのうち最も重要な理由は、世俗化についての啓蒙主義的なストーリーから、彼ら彼女らが決定的に距離を置けなかったことに求められる。このストーリーは次のような想定に依拠する。すなわち、政治に直接関わろうとする神学は本質的に危険で暴力的であり、また、近代という時代は権力を宗教から切り離すことによって平和実現に多大な貢献を果たしてきた、という想定である。第一章における私の課題は、このストーリーが歴史的にも神学的にも誤っていると示すことである。近現代の国家がそこから私たちを救ってきたとされる初期近代の「宗教戦争」をめぐる神話は、歴史的に正しくない。近現代における世俗的な国家の出現は歴史的には偶然の出来事であり、そのことによって、以前と比べてより少ないどころか、より多くの暴力が生じてきた。そして、ここでいう暴力は、政治が世俗化されることによってではなく、キリストの体についての想像力が国家を通じての救済という異端的な神学に取って代わられたことによって生まれたのである。

キリスト教の「公共的な」性格を回復しようとする多くの試みが取り組んできたのは、市民社会の中に、すなわち国家とは別に、人びとの自由な参加によって成り立つと考えられた領域の中に、教会の居場所を切り開こうとすることである。にもかかわらず、キリスト教が語ることはダイレクトには公共的な討論に組み込まれ得ない。私が第二章で論じるように、国家権力と市民社会は重なっている。そして、そのことによって、国家と市民社会の区別は、実証的な政治現象の記述としては、ますます問題をはらむものとなっている。そのうえ、人びとの自由な参加によって成り立つ領域を上記のように想像することによって、イエスの弟子たれというラディカルな課題は「公共的理性」に翻訳されてしまい、そしてそのことを通じて、福音は監視を被りねじ曲げられる。この「公共的理性」は、国民国家が目的とするところとひとたび矛盾をきたすや否や、妥当性を失ってしまうからである。キリスト教神学が語ることをいわゆる公共的な討論の場から排除することは、「世俗的な」中立性の名の下になされるが、この中立性は実のところ、特に国家を念頭に置いた想像上の共同体にとって、すなわち誤った公共体にとって有利になるように、キリストの体を脇に追いやっているのである。

第三章で私は国民国家を超えようとする議論を取り上げ、キリスト教神学の議論には最近入り込んできたにすぎないグローバリゼーションに主たる関心を向ける。グローバリゼーションを新しい公同性として言祝《ことほ》ぎ、それによって私たちは現代政治における国民国家中心主義の病理に打ち勝つことができる、とする人びとがいる。急速にグローバル化する世界には、ある普遍性が確かに生まれつつあるし、それは、国民主権を自明視した政治をめぐる議論が帯びている特殊性を克服するであろう。けれども私はいう。グローバリゼーションとは実のところ国民国家の終焉ではなく、普遍的なものが特殊なものを支配しようとする国民国家というプロジェクトの、すなわち、主権を有する領域国家の権威の中にローカルな共同空間を包摂しようとするプロジェクトの、超拡大版なのである。グローバリゼーションは誤った公同性であり、それは、真に公同的な団体というキリスト教特有の概念が有する、ローカルなものと普遍的なものとが織りなす奥深さを取り除こうとしている。

本書が全体として議論しようとしているのは、歴史の中で教会が犯した多くの罪を大目に見ることでは断じてない。むしろ教会は、キリスト教が暴力と共犯関係にあったことに対する悔い改めを伴う、一連の実践を必要としている。もちろん、神学を踏まえても政治が暴力と無関係になるわけではない。ここでいう政治にとって問題となるのは結局、いかなる神学が、そしていかなる政治が構想されているのか、ということである。消極的にいうならば、私が論じたいのは次のことだけである。権力が超越的な拠り所から切り離されたことで、世界はより暴力的でなくなったわけではなく、暴力はより恣意的に、より強力になってしまった。しかし、近現代の政治を神学が誤って思い描いた例をいくつか明らかにしつつも、私が読者に提供しようと願っているのは希望である。つまり、近現代という鉄の檻が私たちを支配しているのは必然ではないという希望である。空間と時間について別の仕方で想像するべく、私は聖餐に焦点を当てる。それは暴力に対する抵抗団体を、すなわちキリストの体を建て上げるからである。この体はこの世の権力や見えない諸力によって傷つけられ破壊され、そして苦難に満ちた地上に血を浴びせる。だがそれは復活を経る体でもある。そして復活とは、神の国が驚くべき仕方で地上の歴史に参与することの、そして王なるキリストがこの世の政治を崩しながら現臨することの徴なのである。

1 国家の神話——それは救済者か

人類は交わるために創造された。だがいたるところで分裂している。

こう書き出してみたのは、それが、創世記1章から11章までのやや強引かもしれないが本章の目的に即した要約になっているからである。また読者はこれが、近代思想史の中で最も有名な書き出しの一つと意図的に似させられていることを認めるであろう。すなわちルソーの『社会契約論』の書き出しである。「人間は自由なものとして生まれたが、しかもいたるところで鉄鎖につながれている」(4)。創世記と『社会契約論』は一見したところまったく別の課題を扱っているようだが、両者は共に人間同士が経験する協力と分裂についての根源的なストーリーに取り組んでいる。その性格からして近現代は、政治理論を神話と見なすことに慣れていない。しかし近現代の国家は、自然と人間の本質についての、人間同士の衝突の原因についての、そしてそうした衝突を他ならぬ国家の法規によって収拾することについての、特定のストーリーに依拠している。本章で私はこの近現代のストーリーを、創造と堕落そして贖いをめぐるキリスト教のストーリーに対立するものとして読み、その上で、二つのストーリーが究極的には同じ目標を設定していることを論じるつもりである。すなわち、私たちを苦しめる分裂から人間を救済するという目標である。教会が有する救済論に代わる別の救済論の中で読み解くときに、近現代の国家は最も正しく理解されるということを私は示したい。二つの救済論は共に、社会に法を適用することで、平和を希求し分裂を終わらせようとする。国家の基礎は広く受け入れられた神話にあるが、その神話とは、一六世紀と一七世紀の「宗教戦争」からヨーロッパを救うために国家が必要とされたというものである。それに対して本章で私が論じたいのは、通常これらの宗教戦争は誤って語られているということ、そして、国家という団体はキリストの体の模造品であり、その誤ったコピーだ、ということである。

「国家」という言葉で私は以下のものを表そうと思う。それは過去四世紀の間に台頭してきた特殊な制度であり、そこにおいては、集権化された抽象的な権力が、一定の地理的領域の中で行使される物理的強制力を独占する。実際の国家同士の中に見られる相違を、あるいは、国家の理論と国家の現実との相違を無視する危険について、私は承知している。にもかかわらず、私が有用だと思っているのは、近現代の国家が共有していそうな病理——とりわけ市民をバラバラにする病理——を一般的に考察してみることであり、また、これらの病理をはっきりさせるのに役立つ人口に膾炙したストーリーを考察してみることである。

本章の第1節で私は、創造と堕落、そして贖いについてのキリスト教的ストーリーを——パウロやヨハネそしてさまざまな教父たちが解釈したように——原初の統一が失われ、そして再び獲得されるそれとして述べることから始めてみよう。第2節では、ホッブズ、ロック、ルソーのひとつの読み方を提示してみる。それは、国家というメカニズムを通じて、ここでいう分裂の深刻な結果から人類を救い出そうと試みたのが彼らだった、というものである。第3節で私は「宗教戦争」という神話を分析し、第4節で、そうした戦争は宗教によって引き起こされたのではなく、他ならぬ宗教の創造と結びつくものだったと論じよう。第5節では、なぜ国家が私たちを救済してこなかったのかを問い、そして最終節では、国家の政治に対抗する聖餐の政治というものを、肯定的に論じてみよう。

1 キリスト教のストーリー

カインによる弟殺し、ノアの時代の人びとが働いた不正、バベルの塔をめぐって人びとが散らされたこと。これらが正しく理解されるのは、創世記一章にある創造のストーリーが示している、人類の本来的な統一を背景として踏まえたときだけである。キリストの体において達成される超自然的な統一が依拠するのは、原初における全人類の自然な統一であり、それは人間が神の像（創1・27）に創造されたことに由来している。「何となれば、神の像は個々人において異なっておらず、皆が同じ像を有しているからである」と、教父たちの人間論を要約しながらアンリ・ド＝リュバクはいう。「神に対して同等の資格で神秘的に参与することは魂を存在せしめ、と同時に、人びとの間における魂の統一を引き起こす」(5)。この統一は神への参与に基づいているからこそ、ド＝リュバクがコメントするように、ちょうど三つの神を語り得ないように、私たちは複数形で人間を語ることができない。個々人ではなく人類が全体として創造されたし贖われたのである。人間が創造されたときに存在したこの基本的な統一は、国籍の如何を問わずすべての人びとが招かれている真の意味でのカトリック的な教会の自然な源である。それゆえアレクサンドリアのクレメンスはいう。

大祭司であるこの永遠のイエスは、すべての人びとのためにとりなしをし、彼ら彼女らに命じる。「聞け、すべての人びとよ。すべての理性を授けられた者たちよ。野蛮人よギリシア人よ。私は全人類を集める。父なる神の意志によって全人類の作り手となった私が、である！　私のもとに来て共に集まりなさい。一つなる神のもとで、一つなる神のロゴスのもと

で、よく秩序づけられた統一体として。(6)

他ならぬこの統一のゆえに、「一人の人によって罪が世に入り、罪によって死が入り込んだように、死はすべての人に及んだのです。すべての人が罪を犯したからです」(ロマ5・12)と、パウロはローマの信徒に説明することができる。アダムは最初の個人であるのみならず、全体としての人間性を代表しているのである(7)。しかし、神に対するアダムの不従順は、創造時の統一の粉砕を引き起こすことになった。アダムとエバが神の地位を簒奪しようとした──「それを食べると、目が開け、神のようになる」(創3・5)──ことによって、人間が調和をもって神に関わることは崩れた。そしてこのことは必然的に、人間の統一の破壊を伴う。なぜなら、神の像を媒介にするとき、私たちが神に関わることは、私たちが互いに関わることだからである。ここでいう破壊は、アダムがエバの罪を非難しようとしたことから始まっている(創3・12)。続く創世記四章から一一章は、堕落の帰結を分裂と闘争として物語る。カインはアベルを殺害し、「地は暴虐に満ちた」(創6・11)。バベルの塔のストーリーは、統一からの堕落が引き起こした力を要約している。神の地位を奪い取ろうとしたために、人類は全地に散らされた(創11・1─9)。こうした一連のストーリーは、世界創造のストーリーにあった原初の統一という前提に照らし合わせるときにのみ、充分に理解できるのである。

『カトリシズム』というすぐれた著作において、ド゠リュバクは教父たちの著作を繙きながらこのテーマを扱っている。証聖者マクシモスは堕落を、我のものと汝のものとが矛盾し得ない創造時の統一が分散したこととして見る。アレクサンドリアのキュリロスは「サタンは私たちをバラバラにした」と記す。アウグスティヌスはアダムをあたかも磁器でできた人形のように描く。その人形は床に落ちて砕け、いまや世界中に散らばっているのである(8)。ド＝リュバクは他のものを含めこれらの文言についてコメントする。「まさに今日私たちが行っているように、個々人の性格の中に隠された汚点を見出そうとする代わりに、また、トラブルを引き起こす無意識の原因を探す代わりに、これらの教父たちは個々人を、他でもない自然に反する多くの核から構造的に成り立っているものとして思い浮かべようとした」(9)。言い換えると、罪の帰結とはまさに、個人それ自体の創造、すなわち集団と存在論的に切り離された個人の創造なのである。

罪がまき散らされて――神と人間との間に、そして人間同士の間に――相互の憎悪を生むのであれば、贖いとは、キリストの体に関わることを通じて回復された統一という形態を取ることになろう。個々人が救済されるのは、キリストによる全人類の救済を通じてのみである。全人類を担っているがゆえに、キリストは新しいアダムだとされる。受肉において神は、個々の人間の身体だけでなく、人間性それ自体を身に帯びた。というのも、アレクサンドリア学派のモットーでいえば、「担われていないものは救われない」からである。キリストは人間の身体に組み入れられたが、同様に、キリストの体に組み入れられることによって人間は救済される。キリストの体は、神が人類に、そして人類が神に相互に関わるときの場なのである。

コリントの信徒に対してパウロが説明しているように（一コリ12・4―31）、キリストの体の中で多くの人びとは一つに結びつけられているけれども、その体は多くのメンバーによって成り立ち続けている。また、メンバーそれぞれは異なっていて、簡単に置き換えることはできない。事実、キリストの体にあっては単純にして形式的な平等は存在していない。そこには強いメンバーと弱いメンバーがいるが、より劣って見えるメンバーはいっそう引き立てられる（同12・22―25）。そのうえ、キリストの体のメンバーは、単に個々人が頭なるキリストの肢体にされているのではない。彼ら彼女らは、肉体が自然にそうであるように、互いに結びついているのである。メンバーは「平等だが分かたれている」のではなく、むしろ次のような仕方で相互に関わっている。「一つの部分が苦しめば、すべての部分が共に苦しみ、一つの部分が尊ばれれば、すべての部分が共に喜ぶのです」（同12・26）。

キリストの体に組み込まれることで、人類の中で傷ついた神の像は回復される。「造り主の姿に倣う新しい人を身に着け、日々新たにされて、真の知識に達するのです。そこには、もはや、ギリシア人とユダヤ人、割礼を受けた者と受けていない者、未開人、スキタイ人、奴隷、自由な身分の者の区別はありません」（コロ3・10）。エフェソの信徒への手紙ではここでいう回復が、ユダヤ人と異邦人との間にある敵意という観点から表現されている。「実に、キリストはわたしたちの平和であります。二つのものを一つにし、御自分の肉において敵意という隔ての壁を取り壊し、規則と戒律ずくめの律法を廃棄されました。こうしてキリストは、双方を御自分において一人の新しい人に造り上げて平和を実現し、十字架を通して、両者を一つの体として神と和解させ、十字架によって敵意を滅ぼされました」（エフェ2・14―16）。このユダヤ人と異邦人の和解は、終末論的に、すべての民族を祝福に入れるイスラエルへと（創12・3）人びとが集められることの先取りとなる。イエスが死んだのはユダヤ国民のためだが、その「国民のためばかりでなく、散らされている神の子たちを一つに集めるためにも死ぬ」（ヨハ11・52）のである。

このようにして終末において人びとが集められることは、まったく此岸的な出来事でもまったく彼岸的な出来事でもなく、かえってそれによって、時間に関わることと永遠に関わることとの境界線は曖昧にされる。確かに個々人の魂は永遠の命を約束されている。けれども、救済とは、現世の暴力から善良な個々人が単に逃れることではない。むしろ私たちは、部分的にはすでに実現している、新しい天と地を待ち望む（二ペト3・13、黙21・1）。天上の至福が示すのは、地上で開始された人類統一の全き完成である。アウグスティヌスがいうように「私たち皆はキリスト・イエスにあって一つである。現世の生を旅する私たちのよすがになっている信仰がかくも不思議なことを達成するのであれば、至福の様子を直接見るとき、どれほどこの統一は完全なものに至っているのだろうか？」(10)。二つの国についてアウグスティヌスが思い浮かべるところによると、人類の再統一は、地上の帝国が設定した境界線を越える真の市民権をキリスト教徒が実現できるか否かにかかっている。私たちは地の国（*civitas terrena*）を旅しているけれども、常に、私たちの真の住まいは天にあるということを意識している。しかしながら、天における市民同士の交わりが意味するのは、この世の政治から逃避することではなく、むしろ、地の国でなされる誤った政治を教会が抜本的に停止させることである。だからアウグスティヌスは、天上における——そして地上における——聖徒たちの連帯と、ローマ帝国で見られた暴力的な個人主義とを対比させる。後者が徳と見なすものが依拠するのは自己拡大する支配権（*dominium*）であり、自分自身のものに対するコントロールである。これに対し、教会は天と地とを結びつけるのであり、このことこそが真の「政治」なのである。地上の国は真の国家（*res publica*）ではない。なぜなら、神が真に礼拝されないところ、そこには正義も公共の福祉もあり得ないからである(11)。

2　国家のストーリー

近代国家についての古典的な理論を打ち立てた人びとが語る原始のストーリーは、自然状態なるものから始まる。この自然状態が人類の堕落前の状態なのか、それとも堕落後の状態なのかは、思想家によって異なる。キリスト教的な思想家とはいえないルソーは、人びとが自由だった原初の状態を想定するけれども、それがなぜ失われたかについては不可知論の立場を採る。「自由から隷属へのこのような変化がどうして起こったのか。私にはわからない」(12)。ホッブズもロックも堕落前の無垢な状態を描こうとはしない。両者は神によって決定されたものとして自然状態を描くが、それはアダムと共に始まる。ホッブズによると、神は、アダムの罪を封じ込めることになるであろう褒賞と処罰のシステムを確立した。「神が、それによって人間を支配し、また神の法を破る者を処罰する自然の権利は、神が人間を創造したことに起因し、彼らに与えた恩恵に対する報恩として人間に服従を要求するといったものではなく、神の『逆らいえぬ力』に起因する」(13)。それゆえ、神に関わることは不可能である。ジョン・ミルバンクが論じたように、近代の政治学が依拠しているのは、関わることの神学（a theology of participation）に取って代わった意志することの神学（a theology of will）であり、後者は主意主義に基づく。同様に、神のロゴスによって三位一体の神の中で人間性が担われることは背景に退き、それに代わって、個々の人間の有する意志があまりバラバラにならないようにと、完全な力をもって命令を下す三位一体的性格を欠く神が台頭する(14)。古い神学であれば次のように説明するだろう。二人にとっての真の善に反する仕方でアダムとエバは振る舞った。ところで、この善を神は純粋な意志から命じたのではない。人類にとって善以外のものを命じることができなかったからそうしたのである。言い換えると、神の意志は善から切り離せない。それゆえ、関わることの神学の喪失は目的論の喪失ということに、すなわち生の本来的な目的を人間が失うことになる。ホッブズはアダムの不服従を罰に値すると解釈するだろう。なぜならそれは、神の恣意的な意志と矛盾するからである。ロックの想定においても、優越する神の意志に従う意志と権利のメカニズムによって、形式上、自然状態はあらかじめ特徴づけられている。このように自然状態の中で個々人は、「すべての者の主であり支配者である神が、その意志の明確な宣言によってある者を他の者の上に置かないのであれば」(15)形式的に分離され平等とされている。

私たちの目的にとって重要なのは、このミュトス〔神話〕が人間の政府を、原初にあった統一にではなく、人類は本質的にバラバラの存在なのだという仮定に基づいて成り立たせている点である。人間は自由に生まれついたとルソーが述べるとき、そこでは、人間はお互いから解放されているということが意味されていた。これとは対照的に、キリスト教の創世記解釈では、人間が真に自由である状態とは、他の人間と共に神に関わるときである。周知の通りホッブズは万人の万人に対する闘争という自然状態を想定しているが、そこで生じる衝突をホッブズは他ならぬすべての人間の形式的な平等から引き出している(16)。しかるに、よりリベラルで楽観的なロックも、自然状態において人間が本質的に帯びている個としての性格に同意しつつ、こう述べる。「政治権力を正しく理解し、その起源から引き出すためには、われわれは、すべての人間が自然にはどんな状態にあるかを考察しなければならない。それは、人それぞれが、他人の許可を求めたり、他人の意志に依存したりすることなく、自然法の範囲内で、自分の行動を律し、自らが適当と思うままに自分の所有物や自分の身体を処理することができる完全に自由な状態である」(17)。ホッブズとルソーそしてロックはみな、自然状態が個としての性格が強調される状態であることに同意している。個々人は社会契約に基づいて集まるが、その際一人ひとりは、自分自身と財産を守るために社会に入るのである。

それゆえ、我のものと汝のものとの区別が、近現代の人間論には刻み込まれている。事実、近代の初期に国家を論じた人びとが信頼を寄せていたのは、自分に属する事物を意のままにする主権と力として、アダムの支配権（*dominium*）をローマ法に従って捉え直す規定であった。ミルバンクがいうように、支配権とは伝統的に、ある人の財産を倫理的に取り扱うことと密接な関係があって、それゆえ、単なる絶対的な権利ではなく目的に適っていることを、すなわち正当で公正であることを条件としていたのである。トマス・アクィナスの思想では、アダムが有していた所有権は、通常は社会における有用性によって正当化される使用権（*dominium utile*）であることを条件としていた。ところが、近代初期におけるローマ法の影響のもとで、使用を超えた交換が正当であることを疑問視したアリストテレス主義は、人は自分の心身と所有権を意のままにする絶対的な権利を有する、との主張に屈した。この思想の動きは、人間論でもって主意主義的な神学を補完することになった。というのも、主権と無制限の所有権を行使するときに人間は最もよく神の像を例証する、とそこでは想定されているからである(18)。

絶対的な王制はアダムから演繹されるというロバート・フィルマーの主張に抗して、ロックは「神は世界をアダムとその子孫とに共有物として与えた」(19)という。だがロックは大急ぎで、所有権が共有物としては考えられない所以の説明を付け加える。これは、恩寵を享受していた状態から人間が堕落した結果ではない。そうではなく、自然の中に存在する物から個々人が利益を引き出す際に必要となる理性を、神が人間に賜った結果なのである。「たとえ、大地と、すべての下級の被造物とが万人の共有物であるとしても、人は誰でも、自分自身の『身体』に対する『固有権』をもつ」(20)。まだ所有が主張されていない豊かな自然の中から個々人は物を自分のものとし、そこに自分の労働と「身体」を投下する。こうして個々人は物に対して、排他的な財産権を設定するのである。ロックによると、地を治めそれを支配せよという神の命令は、個人の財産権の発展を必要とする。というのも、自然を人間にとって有用なものとするのも、財産をその人固有のものとして確立するのも、いずれも人間の労働だからである(21)。

自然状態に特有の個人主義は、キリスト教による創世記一章と二章の解釈に見られた人類の創造時の統一とは対照的である。だが、これら二つの説明は、救済とは本質的に競い合う個々人の間での平和構築をめぐる問題だとする点で、見解を一にする。言い換えると、キリスト教のミュトスが目指すものと国家のミュトスが目指すものとが重なり合う場所があるとすれば、それは救済論の中なのである。ホッブズは、この個人間の競争をこの上なくあからさまに描く。自然状態に置かれたふたりの人は本質的に平等であるため、ひとりしか持てないものを共に欲しがるのである。それゆえ人間の自然本性的な平等は、万人の万人に対する戦争を引き起こす。その戦争から私たちを救い出すのは——社会契約によって生み出された——リヴァイアサンである。ルソーは、人間同士が「生来の敵」(22)であることは否定する。ロックは自然状態と戦争状態とを区別する(23)。にもかかわらず、ルソーとロックの両者は共に、自身の財産と身体を他の個人の侵犯から守る必要から個々人は社会契約を強いられるとする点で、ホッブズに同意する。ロックによれば、「自分で食べていくために骨を折るのではなく、むしろ他人の労働の成果を有害な仕方で自分のものにしようとするのが人類の堕落であり」、この堕落が個々人をして、互いに社会に入るよう義務づけている(24)。ルソーにとって社会契約は、「各構成員の身体と財産とを、共同の力のすべてを挙げて防衛し保護する」必要性から生じる。自然状態は長続きしない。それゆえ、「もし生存様式を変えないなら、人類は滅びるだろう」(25)。

キリスト教の救済論でもそう論じていたように、衝突し合う個々人の行使する暴力から人が救われるのは、社会を体系的に作り上げることを通じてである。身体というメタファーはホッブズが示した偉大なリヴァイアサンという形象において最も明らかになる。それは人工的な人間であり、コモンウェルスとか国家とか呼ばれるが、このリヴァイアサンにおいて主権は魂であり、役人たちは関節であり、賞罰は神経であり、そして「最後に、『協約〔パクト〕』と『契約〔カヴィナント〕』は、政治体の各部分をはじめてつくり、集め、そして結合したものであり、それは神がこの世を創るときに宣した『人間をつくろう』という『命令』に似ている」(26)。それゆえリヴァイアサンとは新しいアダムなのであり、これを人間が創り出したことによって、私たちはお互いから救われるのである。そして、ホッブズよりは知られていないが、身体としての社会というメタファーをルソーやロックもまた採用している。ルソーによると「精神的で集合的な団体」が社会契約の結果生じる。それを彼は次のような言葉で特徴づける。「われわれのおのおのは、身体とすべての能力を共同のものとして、一般意志の最高の指揮のもとに置く。それに応じて、われわれは団体の中での各構成員を、分割不可能な全体の部分として受け入れる」(27)。ロックは多数決原理についての自身の議論を、身体のメタファーを採用することで引き出す。というのも、ひとたび各個人による同意が一つの身体を作り上げたなら、「それは一つの団体なのであるからして、一つの方向に動く必要があり」、この方向とは「より大きな力、すなわち多数派の同意が導く」(28)ものなのである。

3 宗教戦争

これまで私は、救済に関する類似した説明として、キリスト教のストーリーと国家のストーリーを取り上げてきた。しかしながら、近現代の国家が提示する救済論は、次の事実を無視しては理解できない。つまり、近現代の国家がそこから私たちを救い出そうとしている第一のものはおそらく教会だ、という事実である。一般にいわれているところでは、結局のところ近現代の世俗的な国家は、対立する宗教勢力の間で平和を維持する必要に基づいて建てられている。近現代の国家は一六、一七世紀の「宗教戦争」から生じたが、この宗教戦争にあっては市民社会に固有な衝突が、そしてそれ以上に宗教に固有な衝突が、おぞましい仕方で姿を現している。ストーリーはシンプルである。宗教改革によって、宗教をめぐる暗黙の了解は市民社会の中で打ち砕かれた。このとき、宗教それ自体によって点火された激しい感情が解き放たれ、カトリックと産声を上げて間もないプロテスタントとは、教理に対する忠誠の名のもとに、お互いを殺し合い始めた。「実体変化説だろ！」とカトリックは叫んで、異端たるルター派を串刺しにする。「共在説だ、こんちくしょう」とルター派は応答して、真人間ではない教皇派に鉛の弾丸を浴びせかける。それゆえ、相争う宗教勢力の中で平和を維持するために、世俗的な近代国家と宗教の私事化とが必要となるのである。

　こうした物語は、現代のリベラルな政治理論家たちが好むところである(29)。ジュディス・シュクラーによると、

> リベラリズムは……宗教をめぐる内戦が引き起こす残酷さから生まれた。この内戦によって、博愛というキリスト教の主張は永遠に、あらゆる宗教的制度や党派に対する非難に取って代わられてしまったのである。もし信仰がかりそめにも生き残るとすれば、プライベートな仕方でであろう。公共的な領域では信仰に代わるものが生み出され、それは今も私たちの前にある。だがこの代替物は、伝統的な美徳とリベラルな放縦との間に生じるものではない。それは、一方では残酷な軍事力と抑圧と暴力、他方では市民全員の自由と安全を保護する力を取り込んだ自己抑制的な寛容との間で生じるものなのである。(30)

ジェフリー・スタウトによると、宗教改革によって引き起こされた宗教の数的増加によって、いまや人びとは複数存在する権威に訴えて主張を行うようになった。だがこのとき、これらの権威は、理性的には共存不可能なままなのである。それゆえ「リベラルの諸原則が採用されなくてはならなくなったのは、競合する宗教的信仰と善をめぐる異なる考えがヨーロッパを宗教戦争に巻き込んだときである。近代初期に生きた私たちの先祖たちは、宗教に関わる意見の相違が生む悪影響を最小限なものとすべく、公共的なものに関わる言説を世俗化した点で正しかった」(31)。

私は、このようなストーリーが事実を逆にとらえていることを示そうと思う。「宗教戦争」とは、近代国家の誕生を必要とさせる出来事ではなかった。実のところ宗教戦争はそれ自体が、国家の産みの苦しみだったのである。これらの戦争が問題にしたのは、「プロテスタンティズム」と「カトリシズム」との間で生じた衝突だけではなかった。そうではなく、宗教戦争は大部分、衰退しつつあった教会秩序の中世的な残余を支配しようとする、出現しつつあった国家の強大化に伴う戦いだった。ここで云わんとしているのは単に、政治的経済的要因が宗教戦争で中心的な役割を演じた、ということではない。また、宗教を現世的な関心事へと格下げした点で私たちは正しい、ということでもない。むしろ、ここで取り上げている衝突を「宗教戦争」と呼ぶことがアナクロニズムなのである。というのも、この戦争で重要だったのは他でもない、政治的な意義を直接には有することなくプライベートに抱かれた一連の信念という意味での、宗教が創出されたことだからである。宗教の創出は、臣民に対する絶対的な主権を確たるものにしようとしていた新しい国家には必要不可欠であった。そこで私は、対立する宗教の調停者と見なされた近代国家が約束する救済論に挑戦してみたい。また、国家の暴力に対するキリスト教的な抵抗は、教会の有してきた抵抗のための資源をどう回復するかにかかっている。そのことも明らかにしてみたい。

中世にあって、*status* という単語は、支配者の地位（*status principis*）に言及する場合か、もしくは一般的な意味での支配地の状態（*status regni*）に言及する場合に用いられてきた。マキァヴェリの登場をもって私たちは、国家が自律的な政治的実在というより抽象的な意味に変化し始めたことを知る。しかし、一六世紀にあっては、フランスとイングランドで活躍した人文主義者たちの著作の中でしか、「支配者と被支配者の両方から切り離された公共的な権力の一形態で、特定の制限された領域の中で至高の政治的権威を構成する」(32)という近現代的な国家の観念は現れない。中世という時代では教会が至高の公権力だったのであり、対するに世俗の機関は、ジョン・フィッギスがいうように、「教会の治安担当部局」(33)だったのである。一六世紀および一七世紀に生じた混乱は最終的に、近代国家の創造を通じて、世俗の権威に対する教会の権威の優位をひっくり返す結果となった。この転換を主として推進したのは、フィッギスが明言しているように、「お互いにはっきりと反感を抱いていたが、現実レベルで協働することになったマルティン・ルターであり、ヘンリー八世であり、フェリペ二世だった」(34)。

重要なのは、教会に対する世俗の優位の起源が、時間的にいわゆる「宗教戦争」に先行している点を理解することである。早くも一四世紀には、教皇主義者と公会議主義者との論争によって、世俗権力のあり方に関わるまったく新しい理論的発展が生じた。パドヴァのマルシリウスは、世俗の権威だけが強制力を行使する権利を有すると論じた。事実、マルシリウスは主張する、強制力とはまさにその本質からして世俗的なのであり、そうだとすると教会は道徳団体としてのみ理解され得るのであって、司法団体としてではない、と(35)。ルターはこの議論を自身の一五二三年の著作『この世の権威について、人はどの程度までこれに対し服従の義務があるのか』で取り上げた。ルターの訴えるところ、キリスト教徒はみな二つの王国もしくは二つの統治に同時に服している。すなわち、霊的なそれと現世的なそれである。強制力は神によって設定されたが、それは罪人たちの間でこの世の平和が維持されるべく世俗権力者たちにのみ認められている。強制力は世俗的なものであるとされるため、教会に残されているのは人をただ説得する権威、すなわち神の言葉を説教する権威なのである(36)。

ルターは正しくも、この世的かつ倒錯した仕方で教会が剣の行使を自らに認めるようになった、と理解した。彼が意図したのは、いかなるものであれ政治が神の意志と同一視されないようにすることであり、強制力との関わり合いから教会を救い出すことであった(37)。しかしながら、この権力を寿いで世俗政府に供用したとき、国家を調停者と見なす神話の確立にルターは貢献していたのである。そしてこの神話は、教会の存在意義を制限するのに用いられることになるであろう。世俗的な司法権と教会の司法権とをはっきり分けた一方で、ルターの議論には、他とは区別されたものとしての教会の司法権を否定する効果があった。ルターは『キリスト教界の改善に関してドイツのキリスト者貴族に宛てて』の中で記す。「それゆえに、世俗的権威の職務は、悪人を罰し敬虔な人を保護するように、神によって定められているのだから、世俗的権威は、それが教皇であれ、司教であれ、司祭であれ、修道士であれ、修道女であれ、あるいは何であれ、その身分のいかんを問わず、全キリスト教世界を貫いてだれによっても、妨害されることなく、自由に行使されねばならないと、私は主張するのである」(38)。キリストは、世俗的なそれと霊的なそれという二つの身体をもっているのではなく、ただ一つの身体をもっているのである。

それゆえ二王国説というルター派の教理が意味しているのは、二つの剣という中世で用いられたメタファーの無効である。このとき教会法廷とカノン法が作り上げた壮大な体系は無視される。クェンティン・スキナーが述べているように、「並列し普遍的な権能を有する教皇と皇帝という観念は消え、サケルドティウム〔教皇を頂点に据えた宗教的階層秩序〕が有していた独立した司法権は世俗の権威に引き渡される」(39)。教会はそのうち単なる信者ノ団体（*congregatio fidelium*）に、すなわち信仰の育成を目的とする信仰者の集合体になるだろう。教会には、そのメンバーの魂を内面的に統治することしか残らなくなり、メンバーの身体は世俗の権威に引き渡される。

教会に関わるこのような見解がルターの時代の君主たちにとっていかに好都合だったか。それを判断するのは困難ではない。しかしながら、一六世紀前半にあって教皇が有していた役得を奪い取ったのは、プロテスタンティズムを受け入れた君主たちだけではなかった。このことを覚えるのが重要である。ドイツの、ハプスブルク朝スペインの、そしてヴァロワ朝フランスのカトリック君主たちはみな教皇から無理やり譲歩を引き出し、領内にある教会に対する自分たちの支配を強化した。リチャード・ダンが指摘しているように「カール五世の兵士たちが一五二七年に略奪したのは、ローマであってヴィッテンベルクではなかった」のである(40)。神聖ローマ皇帝カール五世が一五四七年、ついにプロテスタントたちに注意を向け、最初の大規模な宗教戦争を煽り立てたとき、ルター派の領邦に対する彼の攻撃が意図していたのは、教理的熱狂の表明というよりは、帝国内での権威を強固にすることであった。この事実はカトリック諸侯とプロテスタント諸侯双方にとっても同様であった。これらの諸侯たちの権力は、ハプスブルク家と教会が有する権力に対抗することで大きくなっていたからである。一五五二年から五三年にかけて(カトリックのフランス王アンリ二世の支援を受けた)ルター派の諸侯たちが帝国軍を打ち破ったとき、ドイツのカトリック諸侯は中立を保って事態を傍観していた(41)。この戦争は一五五五年のアウクスブルク宗教和議をもって終結するが、和議は、おのおのの政治的ユニットを治める世俗の権威に、自分の領内でルター派を採用するかそれともカトリックを採用するか選択権を認めさせるものだった。いうところの「領主ノ宗旨ヲ領民ハ信奉スベシ(*cuius regio, eius religio*)」である。

宗教改革と対抗宗教改革は政治を神学の問題にしてしまったことによって、近代国家の確立へと向かう世俗化の流れを遅くした。そう歴史家たちは主張することがある。確かに、一六世紀の宗教改革者たちも彼らのカトリックの敵たちも共に、国家という観念には真の宗教の擁護ということが含まれているという点では同意していた。しかしながら、このことはそれ自体、文明のあるべき秩序化についての中世的な考え方からはまったくかけ離れていたのである。少なくとも理論上、一六世紀以前のキリスト教世界では次のように考えられていた。つまり、世俗の権力と教会の権力は同一の団体に存在する異なる部門が担うものであり、そこではもちろんのこと教会の階層秩序が上位に立つべきだった。一六世紀では、世界は単一の団体だという観念は残っていたが、部門の関係は逆となり、すぐれた君主が教会を支配すべきだとされた。結果として教会は公共的な領域から消えることになるけれども、それは一六世紀にあっては、君主たちが教会を支配したことによって準備されたのである。

「領主ノ宗旨ヲ領民ハ信奉スベシ」との政策はいまや、異なる信仰に献身することで分裂してしまった人びとの間での流血沙汰を避けるための、単なる賢い妥協以上のものとなった。実はそれは、人びとの信仰が全体として君主の意向に左右されるという点で、教会に対する世俗の支配を承認することだったのである。G・R・エルトンははっきりと述べる。「宗教改革は、世俗権力（君主もしくは為政者）がそれをお気に召したところでは、どこでも持続した。けれども、権威者がそれを抑圧しようとしたところでは、生き延びることができなかった」(42)。逆にいうと、教会の超国家的な権威を制限しようとする努力が成功したことと、特定の国家で宗教改革運動が挫折したこととの間には、直接的な関係がある。というのも、教皇側と世俗の支配者との間で交わされた政教条約によって教会の司法権の及ぶ範囲がすでに国境線内に制限されていたところではどこでも、君主たちはカトリシズムの頸木《くびき》を脱する必要を覚えなかったからである。それはまさに、カトリシズムがかなりの程度世俗権力に支配されて、人びとを説得するだけの団体と化してしまっていたためでもあった。このことがフランスでは一四三八年、ブールジュの国事詔書によって達成されていた。それは教皇による初年度課税を廃し、空位となった司教座に候補者を指名する教皇の権利を奪い、そして、どれだけでも聖職禄を得ようと努める人びとのために取り計らう、それまで教皇が有していた大権を王権に認めるものだった。一五一六年の、ボローニャの政教条約は、教会に関係する人事権と歳入に対するフランス国王の支配を確固たるものとした。スペインでは一四八二年から一五〇八年の間に、王権はフランス以上の譲歩さえ引き出している。かくしてフランスとスペインはカトリックに留まり続けた。これに対し、イングランドやドイツそしてスカンジナビア諸国のように、前述したような政教条約が整わなかったところでは――ルターが登場する前の話である点を覚えてほしいのだが――教会と世俗の支配者との衝突は重要なことに、どこでも宗教改革の成功に寄与することになった(43)。

ボローニャの政教条約の後では、歴代の国王やカトリーヌ・ド＝メディシスはフランスで宗教改革がなされることに何の利点も見出し得なかった。教会に対する支配を世俗の側がいち早く確たるものにしたことは、一五一五年から一五四七年に及ぶフランソワ一世の治下において、強力で中央集権化した君主制が構築されるのに決定的な要因となった。それゆえカルヴィニズムがフランスの教会システムに挑戦し始めたとき、それは王権を脅かすものになったのである。地方都市において台頭してきたブルジョワジーは集権的な支配と戦うことに不安を覚えていたが、そのことが彼らと数多くのユグノーたちとを結びつけた。そのうえ、貴族たちの五分の二が、カルヴィニストの掲げる大義名分のもとに結集した。国王の権威を絶対的なものにしようとする流れを貴族たちは反転させようとしたし、彼らはまた、ドイツの諸侯が有していたような権力を、すなわち自身の領内に存在する教会を支配する権力を得ようと願った(44)。

この時代、宗教の名の下になされた大虐殺の主たる扇動者たちにとって、教理に対する忠誠心は、中央集権的な国家を興すのか倒すのかという争点からすれば、せいぜいのところ二義的なものにすぎなかった。ユグノーの貴族とカトリックの貴族の両派が共に企んでいたのは、王権を手中に収めることである。そして皇太后カトリーヌ・ド・メディシスその人の意図は、両派を王権の支配下に置くことにあった。一五六一年、ポワシーの討論会でカトリーヌは、エリザベス治下の英国国教会に範を求めつつ、国家が支配する教会のもとにカルヴィニストとカトリックを結集させる案を示した。もっとも、カトリーヌは良心に照らして神学を吟味する人ではなく、それゆえ、カトリックとカルヴィニストの教会論が双方ともそうした計画を却下する内容だと知ったとき、彼女は仰天したのだった。その結果、カトリーヌは神学よりも政治手腕に適うことを優先しようと決意する。ユグノーの貴族が国王に対してあまりにも影響力を行使していると信じた彼女は、一五七二年、悪名を残すことになるサン・バルテルミの日に、何千ものプロテスタントたちを虐殺するに及んだ。プロテスタントとカトリックの両派が争うよう仕向けた後、カトリーヌは最終的に、カトリックのギース家と運命を共にすることにした。彼女は指導的なユグノーを一掃し、そのことによって国王と国家に対するユグノー貴族の影響力をなきものにしようとしたのである(45)。

サン・バルテルミの虐殺以降、フランスの内乱において、プロテスタントとカトリックとの区別は意味を持たなくなった。一五七六年までにプロテスタントとカトリックの貴族たちは両者とも、国王アンリ三世に対する反乱に及んだからである。同じ年にカトリックのリーグが結成された。その申し立てによると、リーグが目指したのは、「この王国に属する諸地域と諸身分に対して、権利、特権、参政権を、そして最初のキリスト教的国王たるクローヴィスの時代にあった古来の自由を回復することである」(46)。リーグは王権を、国王の存在は人民の意志に基づくとした中世の主権理論に基づいて抑制しようとした。しかしカトリックのリーグは、もう一つのカトリックの党派で絶対主義的な国家像を主張したポリティーク派の反対に直面する。ポリティーク派にとって国家はそれ自体、他のあらゆる利益に取って代わる目的であり、王は絶対的な主権を神から授かったものとして保持しているのである。ポリティーク派はカトリックだがガリカニスムの教会論を、また、宗教を私的に実践するとき重んじられるべき良心の自由を主唱した。それゆえ、ほとんどのポリティーク派は、カトリックがリーグを結成するのを受けて、プロテスタントたちと連携することになった(47)。

教会に対する忠誠心は、スペイン国王フェリペ二世の起こした騒動が関係することで、より複雑化した。彼は娘をフランスの王座に関わらせようとしたのである。一五八八年、パリを攻撃していたギース家にフェリペは資金提供するが、そこから彼はカトリックの国王アンリ三世に対して、ナヴァール国王アンリが率いるプロテスタントと同盟するよう強いた。一五八九年にアンリ三世が没すると、ナヴァール国王アンリはアンリ四世としてフランス王位に就き、うまく立ち回って四年後にはカトリックに改宗した。この宗教戦争は一五九八年、フランスの王座を狙ってきたスペインの思惑をフェリペ二世が断念したとき、終わったのである(48)。

フランスにおける内乱の終結は、国内で並び立つものなき主権について絶対主義的な考え方が発展する足がかりになったと見なされている。そしてこうした考え方は、一七世紀のフランスで開花することになろう。一般に主張されるところでは、中央集権化された強権というものは、宗教的な情熱によって引き起こされた無秩序な暴力から国を救うのに必要とされた。しかるに、私が行った戦争の素描は、そうした見解が問題を孕んでいることを明らかにしたはずである。フランスでは、官僚制を具える中央集権国家の出現は宗教戦争に先駆けており、それは、世俗の側が教会を支配すべきだという一五世紀に示された主張に基づいていたのである。宗教戦争で問題となったのは、単なるカトリックとプロテスタントの対立ではなかったし、聖餐をめぐる実体変化説と霊的現臨説の対立でもなかった。サン・バルテルミの虐殺を引き起こした母太后は、宗教的狂信者などではなく徹頭徹尾ポリティーク派だったのであり、彼女の関心は、絶対的な権力を目指す国王に貴族たちが待ったをかけようとすることを、思い止まらせることができるか否かに向けられていたのである(49)。

一七世紀、フランスにおける中央集権化の成功を、神聖ローマ皇帝が見過ごすことはなかった。皇帝は長いこと、下位の諸侯たちに対して自身が有していた名目的な権力を、現実のものにしようとしていたからである。その結果が三十年戦争(一六一八―一六四八)、つまり、最も血なまぐさいと称される「宗教戦争」であった。皇帝フェルディナント二世が目指したのは、パッチワークのような造りになっていた自身の帝国を近代国家に統合することであり、それは、ハプスブルク家が治めるカトリック国であり、並び立つ権威のないひとりの主権者が支配するはずのものだった。その完成を目指してフェルディナントは頼みとする同盟者を、下位の諸侯たち、傭兵、そしてスペイン=ハプスブルクの親戚へと次々に変えていく。そしてここでも、どの教会に対して忠誠心を抱くかの区別は意味を持っていなかった。一方でフェルディナントは、ルター派のザクセン選帝侯を頼り、ボヘミアを再征服するための助力を請うている。その際、フェルディナントの軍隊を指揮したのは、プロテスタントのボヘミア人傭兵たるアルブレヒト・フォン=ヴァレンシュタインであった。その一方で、カトリックの小諸侯たちは、フェルディナントの中央集権志向と帝国議会の軽視のゆえに、彼に対抗した(50)。

フェルディナントをめぐる潮目は、一六三〇年、スウェーデンのグスタフ・アドルフが争いに介入してきた時に変わった。この戦争におけるスウェーデンの影響力は大きいものがあるが、その主たる理由は、枢機卿リシュリューの指導するフランスが、ドイツの地で布陣する三万六千ものスウェーデン軍に資金提供を決めた点に求められる。このカトリックの枢機卿をしてプロテスタントの大義を支援するよう促したのは、ルターへの愛ではないだろう。フランスにとっての利益は、ハプスブルク帝国が分裂したままであることにあった。また、フランスにとっての利益は、そこに存在する教会の利益に取って代わってもいた。一六三五年、フランスは軍隊を送る。こうして戦争の最後の――そして最も血なまぐさい――一三年間は基本的に、ハプスブルク家とブルボン家との、すなわちヨーロッパの二大カトリック王朝の闘争となったのである(51)。

4　宗教の創造

この時代を扱う歴史家たちは通常、宗教に関わる動機だけが三十年戦争などを焚きつけたわけではないと指摘している。J・H・エリオットが述べているように、これらの戦争が本当に「宗教戦争」だったのかどうかは、当時のカルヴィニストの牧師や農民もしくは君主に尋ねてみないとわからない(52)。しかしながら、私が問題にしたい点は、ある人物が宗教的な信心において真摯であったか否かということに留まらない。これらの戦争の背景にあって重要なのは、個人的な信念として定義され、公的に表明される国家に対する忠誠心とは切り離して存在しうる、ひとまとまりの信仰として「宗教」なるものが創造されたことである。宗教の創造は、ということは教会の私事化は、国家の出現と相互に関係する。それゆえ重要なのは次の点を理解することである。つまり、問題となっている戦争をフランスとドイツで現実に遂行しようとする主だった人たちは牧師でも農民でもなく国王や貴族たちだったのであり、後者は、中央集権的で覇権を握る国家が生まれる動きに関心を抱いていたのである。

中世にあって宗教（*religio*）という語が使われるのは、非常に稀だった。その言葉が用いられるのは通常、修道生活に言及するときである。形容詞としての「宗教的（religious）」が名詞化されると、それは修道会に属する人を、すなわち俗人のキリスト教徒や「在俗」聖職者からは区別された人を指したことになる。「宗教（religion）」という語が英語に取り込まれたとき、それはこうした意味を保持していて、修道院や修道会での生活に言及するものだった。だからこそ、一四〇〇年ごろ「イングランドのレリジョン（religions of England）」といえば、それはさまざまな修道会を意味していた(53)。

トマス・アクィナスは『神学大全』の中で一問だけを宗教（*religio*）にあてている。すなわち、この語は、人を神に向かわせる美徳を意味するのである。聖トマス曰く、宗教とは本質的に聖性と異なるわけではない。しかし、論理の上で異なっているとすれば、教会における典礼の執行にそれが特に関係する点で、である。かくして、聖トマスによるならば、「宗教という単語は通常、神に対してしかるべき敬意を払うための活動を指すのに用いられる。それは行動を通じてなされるが、ここでいう行動とは特に、犠牲を捧げることや奉献など、宗教的礼拝に関係する」(54)。

「宗教は外面的な行動を有するのか」という問いに対して、トマスは肯定的に答えた上で、神礼拝における心身の統一ということを強調する(55)。美徳と同じように、宗教（*religio*）とは習慣であり、キリスト教徒の規律化された行動の中で具体化される知なのである。アクィナスの見解に従うなら、そこで行為者が生きている特定の歴史から切り離し可能な理性の原則から、有徳な行動が生じるわけではない。むしろ、有徳な人は、心身共に慣れ親しんでいる共同体の実践の中に組み込まれているのであって、こうした実践が人間の生を善に方向づけるのである(56)。

聖トマスにとって宗教（*religio*）とは教会における実践というコンテクストを前提した美徳の一つに他ならず、ここでいう実践は共同体に特有のものであり、かつキリスト教会に独特なものである。ウィルフレッド＝キャントウェル・スミスが述べるところでは、キリスト教史の中で「最も宗教的な」時代だったと近現代人が想定する中世を通じて、誰ひとり宗教についての本を書こうとは思わなかった(57)。スミスは次のような示唆さえ行う。「『宗教』という概念が生じたのは、ある意味で、他ならぬ宗教的な実践がそれ自体衰退したことと関係がある」(58)。言い換えると、宗教という近代的な概念の出現は、教会の衰退と、すなわち人びとが共に宗教（*religio*）を実践する特殊な場の衰退と、結びついている。

近代的な概念としての宗教は、一五世紀の後半頃から姿を現し始めた。最初は、イタリア・ルネサンス人マルシリオ・フィチーノの著作の中であった。彼の『キリスト教について（De Christiana Religione）』と銘打たれた一四七四年の著作は初めて宗教（*religio*）を、人間がみな共通して覚える普遍的な欲求として示した。フィチーノのプラトン主義的な枠組みの中では、宗教（*religio*）とは、神に関わる純粋な知覚と礼拝の理想だとされる。かの共通の欲求については歴史上、さまざまな表現が存在したし、今日私たちが諸宗教と呼んでいる多様な敬虔さのあり方や儀礼が存在している。だがそれらはすべて、人間の心に植え付けられた唯一の真の宗教（*religio*）の表現なのであって、どれも多かれ少なかれ正しいし、多かれ少なかれ正しくない。件の欲求が普遍的なものだとされる限り、宗教は内面化され、特定の教会が関係する文脈から切り離されるのである(59)。

宗教という語の意味をめぐる第二の大きな変化は一六世紀後半と一七世紀に起こっているが、それは、宗教を一つの信念体系とする方向に動かした。美徳からひと組の主張へと、宗教が移行したわけである。それゆえ『キリスト教の真理について』の中で政治理論家フーゴ・グロティウスは、キリスト教は単に真の神礼拝であるというよりも、真の神礼拝を教えるのだ、と記すことができた。同時に生じたのが「宗教（religions）」を複数形で表わすことであり、そうした語の用法は中世では不可能だった(60)。

一六世紀のフランスで、ポリティーク派と人文主義者たちはキリスト教を理論的に再構成し、それによってキリスト教は「宗教」という総称的なカテゴリーに埋め込まれた。一五四四年の著作『世界の調和』においてギョーム・ポステルは次のよう議論を行って、信教の自由を弁護した。つまり、私たちが前提にすべきは、教会と呼ばれる特殊な社会的形態を伴う仕方で神学的な主張や実践を行うことではなく、むしろ、論証可能な一組の道徳的真理としてキリスト教を解釈することなのである。ポステルによれば、キリスト教はあらゆる特殊な「宗教的信仰」の表現の背後にある共通で普遍的な真理に依拠している。合理的な人びとであれば誰でもこの普遍的な真理を認識できるがゆえに、宗教に関わる良心の自由はきわめて必要不可欠となる(61)。

ポリティーク派の政治理論家ジャン・ボダンもまた宗教に関わる良心の自由を唱えた。主権という中央集権的な権威を伴う絶対主義国家を確立しようとする計画にとって、それが重要な部分だったからである。彼の画期的な著作『国家論六巻』の中で宗教は、「どうすれば騒乱は避けうるか」という見出しのもとに扱われている。ボダンによるならば「宗教ほど国家の保持に資するものはないことに、無神論者でも同意する。というのも宗教は、国王や支配者の権威を、法の施行を、臣民の服従を、為政者に対する敬意を、悪行に対する恐れをすべて確たるものにする力であって、すべての人びとを友情の絆で結びつけるからである」(62)。ボダンにとって宗教は総称的な概念である。だから彼は、どの形態の宗教が最善であるかに自分は関心がない、と言明する。どんな宗教であれ自分が欲するものを選ぶ良心に関して、人は自由でなくてはならない。重要なのは次の点である。すなわち、ひとたび特定の宗教が人びとによって信奉されたのであれば、宗教に関係する問題をめぐって公的に論争がなされ、そのことによって自身の権威が脅かされるようになることを、主権者は禁止しなくてはならない。ここでボダンが妥当性を認めて引用しているのは、アウクスブルク宗教和議の後ドイツのいくつかの都市で出された条例だが、そこでは

「あらゆる宗教論争」が禁止されており、それを行った場合には死を覚悟しなければならなかった。宗教的な多様性というものは、主権者にとってそれを抑圧することがあまりに高くつくところにおいてのみ認可されたのである(63)。

ここに誕生した宗教という概念は一つの飼い慣らされた信念体系であり、主権者は可能な限り国家の利益のためにそれを操作しようとする。宗教はもはやキリストの体の内部でなされる身体的な実践の問題ではなくなった。宗教が関わるのは人びとの「魂」の領域だけであり、人びとの身体は国家に手渡される。ここでの消息をフィッギスは次のように述べる。

ポリティーク派の台頭と影響力は、一六世紀末という時代にあって、最も注目に値する兆候である。この派の存在が証ししているのは、多くの人びとにとって、国家の認める宗教が教会の認める宗教に取って代わった事実である。より正確にいうならば、宗教が個人的なものになりつつある事実である。その反面で、世俗の権力は組織化された社会にあって、構成員から忠誠心を要求する究極の権利を主張できる、と認められた。ある意味では、ルターという巨人が発揮した宗教的な天才に覆い隠されていたものが、ポリティーク派の中でよりはっきりとした姿を現すようになったのである。というのも、ポリティーク派の立場の本質は、国家の統一を究極目標と見なすことにあったのであり、このことのために宗教の統一は後回しにされなくてはならなかった。(64)

近代国家を作り上げた人びとの中で、トーマス・ホッブズ以上に、宗教を主権者に仕えさせよと率直に語った者はいない。彼は宗教を、根強い衝動として規定するが、それが人びとに思い起こさせるのは、自然状態における人間の無知と恐怖である。「死、貧困、その他の災害についての恐怖に終日悩まされ」(65)、そして第二原因に対する無知ゆえに、地上ではどこでも、見えない力に対する信仰が、また恐るべきものに対する信心が発達する。ある者たちは、自分たちが発明した仕方に従って礼拝を行っているし、他の者たちは、超自然的な啓示を通じて示された真の神の命令に従って礼拝を行っている。しかし、これら二つの種類の宗教の指導者たちは、両者とも礼拝に手を加えて、「自分たちに信頼を寄せる人々を、服従、法、平和、慈愛そして市民社会により適した人間に」(66)仕立てたのであった。ホッブズの宗教は恐怖と安全を求める思いとから生じていたが、まさにこれらは、社会契約と国家を導き出す点で通底している。それゆえ、啓示を通じて神が宗教を植え付けたところでは、神はまた、神の王国（Kingdom of God）という「特別な王国」も打ち立てた。すなわち、霊的なものと現世的なものとが区別されない王国である。「神の王国」は単なるメタファーではない。その言葉で意味されているのは国家であり、それは、「教会的でもあり世俗的でもある」一人の主権者によって治められるのである(67)。

教会と国家を統一することでホッブズが目指していたのは平和である。ただ一人の主権者に皆が服従するのでなければ、世俗の権力と霊的な権力との間で生じる内乱は、悲劇的なまでに不可避となる(68)。ここで指摘されている不可避性は、ホッブズに特有な暴力の存在論に由来する。万人の万人に対する闘争は、自然状態における人間の姿を示している。人間をして不潔で野蛮な環境からリヴァイアサンの腕の中に向かわせるのは、他でもない、強い恐れと安全に対する欲求とであり、それは宗教と社会契約両方の基礎でもある。国家を平和構築者と見なすここでの救済論は、主権者の権威だけが絶対的であり対抗するものを認めない、ということを前提している。

ホッブズの思想において、教会は世俗権力に従属してきただけではない。それどころかリヴァイアサンは、その大きな胃袋の中に教会をまるごと飲み込んできたのである。ホッブズによれば、聖書は国家の法でもあって、だからこそ聖書の解釈は主権者が責任を負うとされる。キリスト教徒の国王は自身の領地においては究極の牧者であり、この者は説教し、洗礼を授け、聖餐を執行し、ひとを聖職者に叙任する権能さえ有している(69)。主権者は祭司であるだけでなく預言者でもある。だから国王は人が発揮するカリスマをすべて監視し、公的な場でなされる預言に目を光らせる権利を有する。「何を頭の中で考えようと自由」なのだから、心の中で「私人」はその望むところを自由に思い描いて構わない。ただし、もしその人が公の場では静かにする権利を行使しているならば、である(70)。また、キリスト教国内で殉教が生じることをホッブズは、理論的可能性としてもあり得ないとする。なぜなら彼は殉教者たちを、「イエスはキリストである」というシンプルな教理を公に宣べながら死んだ人びととしてだけ定義するからである。いやしくもキリスト教徒の主権者ならば、そのようにシンプルな（そして何も語っていないに等しい）告白を決して妨げないだろう。キリスト教徒がそのために命を投げ出すかもしれない他の個別の教理や実践に関していうと、それらは断じて殉教ではなく、「反政府的行為」の名のもとでのみ扱うことが可能な事項である。なんとなれば主権者だけが、キリスト教に相応しい実践を規定する権利を、そしてそこからの逸脱を罰する権利を有しているからである。異教徒による政治体制下にあるキリスト教徒たちに対してホッブズは服従を勧めているし、心の中で信仰を維持できるのであれば公衆の面前で背教することさえも勧める。キリスト教信仰は徹頭徹尾内面的なものであり、外面的な強制に左右されるものではないからである(71)。

ホッブズは記す。「教会は、キリスト教徒から成る世俗的コモンウェルスとまったく同一である。それは〔同じ構成員が成り立たせているわけだから〕世俗国家（*civil state*）とも呼ばれる」(72)。それゆえ、一つなる普遍的教会なるものは存在せず、キリスト教徒から成る国家の数だけ教会が存在するにすぎない。というのも、コモンウェルスが従属すべき権力はこの世に存在しないからである。トランスナショナルな教会は、人びとの忠誠心を主権者と教皇との間で引き裂くことになるので、衝突を生み出す。こうなると、「コモンウェルスの中で、教会と国家の分裂と内乱が起こることは必然である」(73)。それゆえ、自然状態から完全に脱出し、平和を保障するリヴァイアサンを承認するためには、教会と国家の統合が絶対に必要である。してみると「宗教」とは、個々人を主権者に結びつけるための手段だということになる。ホッブズの主張によれば、教会のメンバーは、一つの自然な身体であるように結びつけられるが、ここでの結びつきはお互いに対してではない。各人が依拠しているのは主権者にだけなのである(74)。キリストの体はかくして名ばかりのものとなり、粉々にされ、そして国家という身体の中に吸収される。

国家の統一について似たような関心を抱いていたのがルソーである。彼は、なぜ異教世界では「宗教戦争」がなかったのかを問う。その答えは、国家はそれぞれ固有の宗教と固有の神々を有しているからだというものである。ルソーの論じるところによれば、これは分裂というより棲み分けというべきものであって、ある民族の神々は他の民族に属する人びとに対して力を行使し得ないので、神々は帝国主義的になることもないし妬むこともない。ローマ人たちは最終的に賢明な政策を採用した。それは征服した人びとが奉じていた神々を寛容に遇するという政策であり、その結果ローマ帝国では、多様な神々や宗教が存在していたにもかかわらず、ローマの宗教は「唯一で同一の宗教」だと、人びとに思われることが可能になった。「イエスが、地上に霊の王国を打ち建てようとして登場したのは、このような状況においてであった。この建設によって、神学の体系が政治の体系から切り離されたので、国家の一体性は終わりを告げ、以後キリスト教の諸国民をゆるがしてやまない内部分裂が発生したのである」(75)。キリスト教は国家という団体の中に分裂を引き起こす。というのも、キリスト教はまさに、国境線を超えた団体であることを主張するからである。「聖職者たちを一つの団体に結びつけるものは……教会相互間の同盟である。同盟と破門とは聖職者の社会契約である」。同盟している司祭たちは、世界のどこからやって来ようとも「同じ市民」となる(76)。このシステムは、「社会の統一を弱める」ゆえに「明らかに災いをもたらす」ものであり、それは、市民たちを国家に結びつけるべく市民宗教を作り出すことで改善されなくてはならない。教会をめぐる問題とそれへの対処法を共にはっきり診断した点でルソーはホッブズを称賛している。けれども宗教が神に対する「純粋に内面的な礼拝」である限り、また、国家に対する市民の義務に口出ししない限り、そして他の宗教を認める限り、ルソーは多様な宗教のあり方について寛容を主張する。したがって、ローマ・カトリックのような不寛容な宗教は認められるべきではない(77)。

ロックの中には、自由主義の立場からする寛容が、より理解しやすい形で確認できる。しかし重要なことは、統一を造り出すためにはキリストの体を飼い慣らす必要があるとする点で、ホッブズとルソーとロックとの間に基本的な合意がある点である。繰り返しになるが、ロックが関心を寄せたのは、イングランドとヨーロッパ大陸を悩ませた「宗教戦争」によって引き起こされた分裂である。

> 私には、政治的統治の任務と宗教の任務とを明確に区別し、両者の間に正しい境界線を設定することが何にもまして重要なことだと思われるのです。……もしこれがなされない場合には、一方にいる人間の魂の利益を気遣う人びとと、他方にいる政治的共同体への配慮を抱く人びととの間に、少なくともそういうふうに主張する人びと相互の間に、絶えず生じる論争を終結させることはできないでしょう。政治的共同体とは、もっぱら各人の現世的利益を確

保し、維持し、促進するために構成された人間の社会のことであると私は考えます。(78)

ホッブズとボダンはふたりとも、国家理性に適うという理由から宗教の統一を好んだ。だが、ひとたびキリスト教徒たちが「私たちには、カエサルのほかに王はありません」と唱和しようものなら、一つの宗教が存在するのか、それとも多くの宗教が存在するのかは、主権者にとってまったくどうでもよい。私たちにとって重要なのは、そのことの理解である。なぜなら、ひとたび国家が教会に対する支配を確立するか、教会を吸収してしまうならば、絶対主義の立場から宗教を強引に統一することと、多様な宗教を寛容に遇することとの距離は、ほんの一歩にすぎないからである。言い換えるなら、ボダンとホッブズからロックへの論理的前進を妨げるものは存在しない(79)。ロック流の自由主義には、「宗教的多元主義」を慈悲深く受け入れる余裕がある。なんとなれば、内面の事柄としての「宗教」は国家の継子に他ならないからである。国家は宗教に関わる良心に対して強制力を持ち得ない、とロックはいう。なぜなら、宗教をめぐる判断を最も深く規定しているのは紛う方なく、個人主義的な特徴に、すなわち「真の宗教の生命と力とのすべては心の中で完全に納得するという点にある」からである(80)。しかし、まさに同じ理由により、彼ははっきりと、教会がもつ社会的な性格を否定する。このとき教会は、ロックによって、考えを同じくする個々人たちが立ち上げた自由な結社として定義し直されている(81)。

皮肉なことに寛容は、教会をバラバラにして支配するための道具になっている。ロックの思想は一六八九年にイングランドで制定された寛容法に謳われたが、それは、いうところの「宗教戦争の時代」を終わらせるものだった(82)。もちろんカトリックは、寛容法の対象からはっきり排除されたが、その理由は、いわゆる「宗教的頑迷さ」にではなく、イングランドのカトリックがその時点で自らを「宗教」として規定しようとしなかったことに求められた。つまり、イングランドのカトリックは教会をトランスナショナルな団体として見なし続けようとし、国家が勝ったことを完全に受け入れようとしなかったのである。

一七世紀の「宗教」戦争が醸し出していたものをつかむ最善の方法は、ある興味深い党派が示した言葉を読むことである。一六八五年、クラレンドン伯が反カトリックの立場から著したパンフレットには、次のように記されている。

実体変化説の聖餐論を信じる人に対して、心の底から本当に怒る人など誰もいなかった（むしろ、論争に際して、言葉の応酬が熱気を帯び増えてしまったことが、怒りを生んだのである）。……けれども、この奇説を擁護すべく、聖餐についての決定が傲慢な仕方でなされようとしたとき……感情の熱気が高まり、家を焼き尽くすだけの火が起こされたとしても不思議ではない。要するにここにこそ、私たちとイングランドに住むカトリックとの間で生じる論争すべてが関係しているのである。(83)

明らかに教皇はある意味で、聖餐論では引き起こし得ない強烈な熱情を焚きつけることができる。というのも、ここでの衝突で問われているのは、国家に対するキリスト教徒の忠誠心だからである。つまり、教理は内面にある良心が関わる事柄であって、公共的な討論には不向きである。クラレンドン伯は続ける。

外国の裁判権に服している証拠があるとか、王に対する義務と矛盾するとか、王国の平和に破壊を及ぼすとか、もしも人びとの抱く見解がそのようなものでないならば、煉獄や実体変化説についての見解は、国家に対する彼らの忠誠を決して疑問に付すものではないであろう。むしろ、感覚や言葉づかいそして哲学など他のものに関わる誤りの方が、より疑問を引き起こすものである。この意味で、そしてこの関連でいうならば、王国の政治的統治はカトリックの見解に注意を払うものであるが、見解それ自体はカトリックのそれだという理由で詮議されることもないし罰せられることもない。(84)

私は、かつてキリスト教徒が他のキリスト教徒を後者の尊ぶ教義のゆえに殴ったことがなかったかどうかを、論じようとは思わない。しかしながら私が示したかったのは、一六世紀と一七世紀、教会に対する国家の支配を通じて、世俗の支配者が教理に関わる衝突を世俗的な目的に利用した仕方である。新しい国家は国境線の中で対抗するもののない権威を必要としたし、それゆえ教会の飼い慣らしを必要とした。教会の宗教に国家の宗教が取って代わったとき、否、もっと正確にいうならば、教会から切り離し可能な宗教という概念が発明されたとき、教会の指導者たちは国家の侍祭となったのである。

5 なぜ国家は私たちを救済しそこなったのか？

頭の熱くなった宗教家たちをしかるべき場所に位置づけるべく、国家は、小うるさい学校教師のように、教理論争という校庭に足を踏み入れてきた。自由主義の理論家たちは、そう私たちに信じさせようとしているようである。しかしながら、信仰が公共的なものとなる際に生じる危険に対して警戒することは、次の点を無視している。すなわち、究極の忠誠心が向かう対象を国民国家に移し替えたことで、近現代の戦争は範囲を拡大しただけだったという事実である。アンソニー・ギデンズが示したように、確定された領域内で絶対的だとされる国家主権は一六世紀に新たに生み出された教理だが、それに付随していたのは、国境線を拡げ強化するために何度も戦争を用いるということだった。伝統的な政治共同体は、境界によって、つまり、中央の権威があまり及ばない周辺地域によって制限されていた。中世において支配者たちが治めた領土はしばしばぶつ切りとなり、ある君主が治める領域の奥深くに存在する土地を、別の君主が所有することもあり得た。そのうえ、ある領土の住民が異なる貴族たちに対して異なる仕方で忠誠心を抱き、国王に対しては名目上の忠誠心だけを抱く、ということもあり得た。ギデンズによるならば、国民国家が出現して初めて、国家は国境線によって画定されるようになった。すなわち、排他的な主権が及ぶ範囲を確定する、とりわけ暴力という手段の独占が及ぶ範囲を確定する、あの線によってである。領土を強化し主権に基づく支配を主張しようとする試みは何度となく、暴力を伴う衝突を引き起こした。それ以上に重要なのは、国民国家が作り上げるシステムの中で境界線は、戦争勃発の可能性を増した国家間に存在する「自然状態」という想定を含んでいたことである(85)。わが同胞たる市民とは、いま生きているイギリス人、アメリカ人、ドイツ人等々に限定される。国家の救済論が支配的となると、クラスター爆弾を「異国の」村に投下することはまったく合理的だとされるし、「宗教に関わる」事柄を公に論じることはまったく非合理的だとされる。

国家の神話は、真に社会的な過程を排除した「神学的な」人間論の上に成り立っている。私たちは神の像として創られた。このことを通じて私たちは、互いに関わり合うことを知るのだが、この認識はいまや、個人的な権利の保持者として他者を把握する認識に、取って代わられている。ここでいう個人的な権利にとって大事なのは、それが神によって与えられているか否かではない。そうではなく、それが我に属するものを、汝に属するものから切り離すことに役立ち得るか否かだけである。神と関わり合うことと人間同士が関わり合うことは、形式的に考えるならば、契約というメカニズムにとって脅威となる。というのも、契約が想定しているのは、私たちが本質的に個々別々であって、そうした私たちは、自分ひとりにとって利益になるときにのみ他者との関係に入る、ということだからである。契約というメカニズムが純粋に「形式的だ」というとき、そこで意味されているのは、このメカニズムが——神の摂理が目指す——目的と無関係であって、手段としてのみ規定できるということである。国家は、個人と集団を真の意味では決して統合できない。なぜなら、個人と集団が関係づけられる個別と集合に関わる二次式を超越するものは、存在しないからである。

国家の救済論は、人類をグロテスクなタイプの団体に編入させることで統一しようと試みてきた。共通の目的をまったく志向しない形式的に平等な個々人を人間学的な土台に据えるならば、国家が果たしうる最善のことは、権利をめぐる相互干渉から個々人を遠ざけることである。そうすることで、個人主義が引き起こす衝突を和らげることは可能となる。けれどもそこでは、社会を真に進展させることは期待できない。ここで生み出される団体は奇怪な動物であり、それは、巨大な頭によって直接動かされる多くの個別の肢体から成り立っている。ホッブズはいつものように明晰に、この動物を予見していた。つまり、真のコモンウェルスでは、構成員は肉体がそうであるように互いに結びつくのではなく、主権者とのみ結びつくのである(86)。ルソーもまた完璧な円形施設（パノプティコン）を予期していた。そこでは「各市民が他のすべての市民から完全に独立し、都市〔国家〕に対しては極度に依存するようにしなければならない」(87)。こうした構想はたまたまホッブズやルソーが国家を「過度に強調」したから生じたのではなく、自由主義の国家が土台としている個々人の所有権に基づいた人間学から論理的に引き出されるものである。それゆえ近現代の政治には求心力が働いている。たとえば「医療をめぐる論争」で語られることは、医療に関わる国家の官僚組織に対してどう影響力を行使するかである。お互いが直接に「結合する」よりも、むしろ私たちは、契約のメカニズムによって形式的に成り立っている国家を通じて、互いに関係し合う。身体についてパウロが抱いていたイメージ――異なってはいても一つの者として共に苦しみ共に喜ぶ――は、他の人びととの形式的な交換可能性に取って代わられてしまっている。

目的を共有することがなくなってしまった中で、一人ひとりは、強制力が保障しているとされる契約という手段によって、他の人びとと関係する。もちろんこのことをホッブズははっきり理解していたが、すでに見たように、国家という団体はより大きな強制力が働きかける方向に動いてゆくものであることを、ロックもまた想定していた。マックス・ウェーバーは正しく認識していたが、近現代の国家はそれが奉じる目的によってではなく、それが用いる特別な手段によってのみ定義できる。その手段とは、正当な強制力行使の独占である(88)。対内的には、そのような強制力は、大部分の人びとがお互いの権利に干渉しないようにするために必要とされる。対外的には、戦争で行使される暴力は――それがたとえ間違ったものであっても――統一を、しかるべき進展を欠いた社会にもたらすのに必要である。レイモンド・ウィリアムズたちが論じているように、自由主義国家にとって戦争とは、社会の進展を映し出す像であり、共有できる目的を欠いた社会の中で統合を達成するのに最も重要となるメカニズムなのである(89)。要するに、暴力は国家の宗教に、すなわち私たちを互いに結びつけるべく慣習化した規律になっている。

平和を維持するものとして登場はしたが、国家の台頭は実は、いわゆる「宗教戦争」の原因だったのであり、それは、絶対的な権力が織りなす新しい世俗の舞台を血に染まった手で動かしている。そのことを私たちは理解してきた。一九世紀と二〇世紀に起きた戦争が証明しているように、究極的な忠誠心を自由主義的な国民国家に向け直すことは、戦時下で生じる犠牲者の数を抑制しはしなかった。自由主義の理論家たちは、公共的な次元で働く信仰が暴力に向かう危険な傾向を有していると想定しており、したがって、キリスト教社会倫理が真に実現しようとしている可能性を無視する。これに対して私は信じている。もし国家の暴力に抵抗しなくてはならないのであれば、キリスト教信仰の「政治的な」性格を教会は取り戻す必要があるのだ。しかしながら、このことが云わんとしているのは、公共的な政策決定に教会を関わらせる戦略以上のことでなくてはならない。もし本書の内容がキリスト教信仰の社会的政治的性格を希求するのであるならば、これはまた、キリスト教徒が国家の拘束から脱する実践も希求するものでもある。

6 聖餐を重んじるカウンター・ポリティクスに向けて

近代国家がキリストの体の誤ったコピーにすぎないことが本当であるならば、なるほど、国家権力が最終的に教会の欲するべきものとなるのであろう。それゆえ、直接的にか間接的にかは別として、国家に影響力を行使しようとすることで、キリスト教の私事化を克服しようとすることも考えられる。だがこれは、「政治」という言葉で求心的な統合が意味され続けている限り、無益である以上に有害である。幸いなことに、キリストの体を作るに際してキリスト教徒は、言葉本来の意味で「アナーキー」を思い起こさせる実践に参加している。もちろんそれは、カオスを想定する意味での実践ではなく、誤った国家秩序にチャレンジするという意味での実践である。ところで聖餐は真の宗教(*religio*)の核心だが、それは、私たちの救済に他ならないキリストの体に、私たちを結びつける実践である。

聖餐は、おどろくべき「公共的な」典礼(*leitourgia*)によって、意志と権利が重んじられる誤れる神学と誤れる人間論の両方を取り除く。そして、この典礼において人は、他ならぬ神の体の肢体にされるのである。「生きておられる父がわたしをお遣わしになり、またわたしが父によって生きるように、わたしを食べる者もわたしによって生きる」(ヨハ6・57)。アウグスティヌスはこの個所を、イエスが次のように述べているものとして思い描いた。「わたしは大いなるものの糧です。成長しなさい。そうすればわたしを食べることができるでしょう。あなたがわたしをあなたの肉の食物のように、変えるのではなく、あなたがわたしに変わるのです」(90)。ここでは、所有権についてのロックの説明――労働を通じて人はものを自然状態からその人個人の所有物とする――との対比によって、非常に多くの示唆が得られる。事実、聖餐の中で我のものと汝のものとの根本的な区別はまったく意味を失う(使2・44―47を参照せよ)。人間の中にある神の像(*imago dei*)をキリストが回復したことは、聖餐に臨む個々人の中で完成させられる。というのも、キリストの体に参加することによってまさに、私たちが互いに切り離されていたことは克服されるからである。

キリストの体は、アダムの罪による人類の散乱を克服するが、それはいかなる意味でも社会契約によって成り立っているのではなく、常に贈与《ギフト》として受けとめられる。「この賜物《ギフト》は、一人の犯した罪の結果とは異なります」(ロマ5・16)。聖餐は、近現代の社会関係の中で契約と交換が第一義的になっていることを弱める。どういうことか。すでに見たように、主体としての個々人は国家によって交換可能にされているが、ここでの個々人は、真の共同体から切り離されて、交換法則に基づいて他者と関係させられている(労働が抽象化されているわけである)。かくして、本来与えられたものであるはずの賜物《ギフト》は私事化され、所有権は商品化され、譲渡可能なものとされる。それとは反対に、ジャン＝リュック・マリオンが強調するように、実体変化するのは、所有物として理解された本質（ousia）、すなわち所有可能なものではない。聖餐は神の純粋な贈与によって生じるのであり、それが要求しているのは、ただ私たちがそれを新たに受けとめようと心動かすことだけである(91)。ミルバンクはマリオンの所論に修正を加えて、ある種の交換は神からの贈与によって生じることを指摘する。私たちは神に真の意味で返礼することはできない。それは、「返してもらう必要があるものなど神にはないから」(92)であるが、しかし、神の贈与が関わる経綸の中で私たちは神が嘉する生活に参加する。ちょうど、与える側と受けとる側の両者が神の中に包み込まれているように、である。資本主義経済にあっては、贈与は私的な仕方でのみ可能となる。このとき受けとる側は受け身にされ、与える側は提供を、財産が手から離れていくこととして経験する。これとは対照的に、神が嘉する贈与の経済においては、資本主義以前のそれと同様に、贈与は与える側の手から離れることではない。与える側は贈与されるものの中に存在しており、贈与と共に移動する。この理由により、資本主義以前の経済にあっては返礼が期待されるけれども、これは単なる契約の結果ではない。というのも、返礼は前もって取り決められているのではなく、予測不可能な時に予測不可能な仕方で生じるからであり、またそこでは、返礼する側の個性が表現されることになる。神が嘉する経綸においてこの種の提供は、与える側と受けとる側の二元関係が崩れたときに、完璧なものとなる。キリストは神に対する神の完全な返礼だからである。聖餐において私たちは、単なる受けとる側としてではなく、贈与されるものそれ自体に、すなわちキリストの体に組み込まれることによって、キリストの贈与を手に入れる。そして私たちは、キリストの肢体として、他者――そこには見えるキリストの体に属さないメンバーも含まれる――のための糧となる。それがなされるのは、無償の提供と喜びに満ちた受領とを伴う、終わることのない三位一体的経綸の中においてである(93)。かくして、所有権と支配（dominium）は設定し直される。

聖餐はキリストの体の建設を目指しているけれども、そこでは求心性だけが特徴となるわけではない。私たちは中心としての神だけに対してではなく、お互いに対しても統合されるのである。それは、相互に切り離された個々人を持続させようとする自由主義の共同体ではない。またそれは、中心を媒介にして個々人同士を縛ろうとするファシストの共同体でもない。確かにキリストは体における頭だが、そのメンバーは頭だけを媒介にして互いに結びつくのではない。なんとなれば、キリストご自身は中心においてだけでなく、その体の周辺においても見出される方だからである。キリストの体の周辺とは「この最も小さい者のひとり」（マタ25・31―46）に他ならず、そのような人と共にすべてのメンバーは共に泣き共に喜ぶのである（一コリ12・26）。キリストは、なるほど聖餐がなされる共同体の中では中心に位置する。けれども、キリストの体をめぐる経綸の中で、贈与と与える側そして受けとる側は常に、互いに融合させられる。ちょうどそれは、キリストが私たちの受けとるものであり、また与える方であり、そして贈与を受けとる「最も小さい者」であるのと同じで、私たちはキリストにこれら三つの仕方で融合するのである。近現代の国家において中心に位置するものは周辺に位置するものに対して、所有権を主張するか、もしくは、私たちから切り離された彼ら彼女らの福祉に直接的な関心を抱くかする。これに対してキリストにあっては、中心と周辺の二分法は克服される。

すでに見たように、国家という団体の統一は、普遍的なもののもとに、地域的なものや特殊なものを包摂できるかどうかにかかっている。しかし、この動きは真の公同性の猿真似である。というのも、真の公同性のもとでは地域と普遍の対照法が消し去られるからである。すべてのものの終末論的な統一がキリストにあって先取られているように、聖餐は多くのものを一つに集める（一コリ10・16―17）。けれどもこのとき、地域的なものは普遍的なものに単純に従属しているのではない。事実、聖餐が見出されるのは他ならぬ地域共同体においてである。イオアンニス・ジジウラスが指摘するように、だからこそ、初期の教会は複数存在していても「カトリックな教会」と述べることができたし、地域の教会を「全体教会」と同一視することができた。地域共同体でなされた聖餐はどれも、キリストの一部を現臨させるのではなく全キリストを現臨させ、そして、すべての人の終末論的統合をキリストにあって果している。同じ理由により、地域の聖餐共同体が互いに相手を排除することはあり得ない。初期の頃から、この原則は示されてきた。たとえば、いかなる司教も任職に際しては、他の聖餐共同体から二人もしくは三人の司教が立ち会わなくてはならなかったのである。聖餐によって、キリストのすべてを各々の地域共同体で目にすることが求められるようになった。と同時に、この聖餐は各共同体を統合したが、それは、共同体外に存在する中心や構造を地域に押しつけることを通じてではなく、各地域が担うキリストの現臨すべてを通じてだったのである(94)。そのとき、一つなるキリストはそれぞれの聖餐共同体の中心にいるが、その中心なるものは多くの異なる場所に現れる。ここで私たちは、絶対的な存在についてリールのアラヌスが語ったことをキリストの体に対して適用できるだろう。すなわち、キリストの体は「知覚可能な領域なのだが、その中心はどこにもあり、その範囲はどこにもない」(95)。

聖餐は国境を越え、誰が私たちの同胞市民なのかを再規定する。教会同士の交わりが国家統合にとって脅威となると気づいた点で、ルソーは正しかった。ユダヤ人とギリシア人を分かつものは——そして他の自然的および社会的相違すべては——終末において消えてなくなるが、そのことは聖餐の祝宴の中で最もはっきりと示される。教父の著作には、聖餐の終末論的な次元を強調する傾向があり(96)、彼らは聖餐を天上の宴会の前触れと見なした。「人々は、東から西から、また南から北から来て、神の国で宴会の席に着く」(ルカ13・29)。かくして聖ヨアンネス・クリュソストモスは、そのヘブライ書注解において、初期の教会が抱いていた信念を示した。それはすなわち、聖餐に際しては天上の宴会が地上の時間の中に入り込むというものである。「なんとなれば、私たちの主イエスが屠られた生贄のように横たわっているとき、また聖霊がいますとき、また神の右の座に着く方がここにいますとき、また洗礼によって私たちが神の子とされ天に住む人びとの仲間とされるとき、また天に私たちが祖国と住むべき街と市民権を得るとき、そしてまた私たちが地上の事柄については異邦人であるにすぎないとき、これらすべてが天上のことと無縁だといえるだろうか？」(97)。この言葉を思い巡らすとき、領域国家における市民権は大いに面目を失うことになる。というのも、ある人の同胞市民というとき、それがいま生きているイギリス人もしくはドイツ人のすべてに及ぶことさえないけれども、キリストの体に属する仲間は（そして仲間になるかもしれない人びとは）過去と現在、そして未来に生きる人びとだからである。

聖餐は、歴史を刻む時間の外でなされる、単なる未来における至福の約束ではない。聖書や教父たちの証言によって、私たちは聖餐を、地上における平和と和解の実践として理解する。パウロはコリントの信徒を、富める者と貧しい者とが分裂し続けているかどで叱責する。そして彼は、この信徒たちの間に病人や死んだ者がいることを思い起こさせる。なぜなら彼ら彼女らは、富める者と貧しい者との分裂をまず解消することなしに聖餐に参加したからである（一コリ11・17―32）。それゆえ平和がないところでは、聖餐は終末における裁きの徴となる。真の聖餐が生じるに先立ち、人びとには和解することが求められるのである。また、このことを理由としてディダケーは要求する。他の人と不和に陥っている者は、両者が和解するまで聖餐に参加してはならないと(98)（マタ5・23―26も見よ）。最初期の頃よりキリスト教徒は聖餐の前に平和の口づけを交わしてきたが、それが示しているのは、聖餐が和解を必要としているということである。この慣習は平和のしるしの一つであるけれども、それは、契約上の義務に関わる形式的な裁決を通じて規定されるものではあり得ない。そうではなく、この慣習は、自分たちを互いに受け入れ、平和の君に属するメンバーと見なす人間たちの直接的な出会いの中でのみ形成されるのである。

ここでは、聖餐に関わる中心的なテーマをいくつか簡潔に述べてきた。だが、そこで意図されているのは、私たちが経験している教会分裂の中で聖餐が行われている現実を理想化することではない。むしろ、国家による救済という神話を、キリスト教徒は憂慮すべきまでに自家薬籠中の物としてきたし、人びとを拘束する国家の慣習に服してきた。私たちはこうした慣習にいまも服しているし、戦争に際しては私たちの身体を投げ出してさえいる。国家が約束する平和と統一は叶えられるとの期待のもとに、である。これに対して私が示そうとしてきたのは、国家が生み出す神話と宗教は私たちの真の希望をねじ曲げたものであり、それらに抵抗するための資源をキリスト教の伝統はもたらす、ということである。

たいていの場合、国家が有する統合機能をキリスト教徒は受け入れてきた。そのとき想定されていたのは、国家が「世俗的」であり、それゆえ国家は、異なる利害間での紛争から距離を置いて作動する中立的な装置だ、ということであった。もう一つ別の救済論として国家を理解すること。また、国家から切り離せないものとして市民社会を理解すること。これらによって、国家に関わる慣習と、キリスト教徒が自明視している聖餐のような慣習との間に存する、当然起こるべき衝突が意識され始める。真の平和が依拠するのは、この衝突を当たり前のこととして受け入れることではなく、切迫感をもって受けとめ直すことなのである。

2 市民社会の神話——それは自由な空間か

カトリックかプロテスタントかを問わず、近年、教会を私的領域に押し込もうとすることで生じた閉所恐怖症を診断し、そしてそれを克服しようとする試みが数多くなされてきた。十分予想されることだが、そうした試みの大部分は、公共的な領域で宗教が有する可能性を主張し、そして傍観者であることを止めてゲームに参加するようキリスト教徒を励ます形を取っている。この宗教の再設定に際してキーコンセプトになっているのが、「市民社会（civil society）」である(99)。それは特定の公共的空間を名づけたもので、そこでは、国家に直接関わる通常の意味での政治性は存在しないとされる。国家と社会のこうした区別は、何人かのキリスト教社会倫理学者によって、画期的な考えだと見なされている。というのも、それを主張すれば教会を、一方で単なる私事化から、他方で国家の強制的な影響力を前提にしているコンスタンティヌス体制の悪夢から、救い出すことができそうだからである。コンスタンティヌス体制による支配は反省に値するが、私事化したキリスト教なるものは聖書と伝統からは導けない。このことを意識したために、強制力に訴えない仕方ではっきりした発言を公共的な領域で行おうと、教会は努めるのである。

本章で私は二つの試みを（急いで付け加えると、多くのもののうち二つの試みを）素描することになる。それは、市民社会という概念が目下キリスト教徒にとって「公共的」となる空間を築くために用いられている試みである。そして、これらのモデルから生じる諸問題も示すことにしよう。第一に取り上げる試みの中にあるのは、「公共神学（public theology）」を主唱する著作家たちによる、ジョン＝コートニー・マレーの業績の理論的な活用である。第二の試みは、市民社会について述べたハリー・ボイトの業績を実践的に用いるものである。これはカトリックの立場を採る諸学校でキリスト教教育の公共的使命を推進するためになされている。第一のものは公共政策を、第二のものは草の根レベルでの行動主義を、より志向する。しかしながら、こうした違いにもかかわらず私が論じたいのは、両方の試みはいずれも、教会にとって「公共的」であり「自由」でもある空間を作り出そうとしているが、二つともそれを達成できない、ということである。むしろ、本章で私は次のことを示そう。すなわち、もし「公共的」という言葉が再定義されなければ、公共的たらんとすることは、教会が必然的に負けを喫するゲームなのである。その理由の一つは、すでに見たように、公共的と私的の区別がまさに、国家が教会を支配するのに用いる道具だ、という点にある。その上で私は次のことを提案しよう。つまり、自身が有している聖餐という資源を用いることでだけ、国家が課す規律化に教会は抵抗できるのであり、その資源を通じて教会は特別なタイプの団体に、つまりキリストの体になるのである。

1　マレーと友人たち

カトリック界における公共神学の父はジョン＝コートニー・マレーである。彼は、国家と社会とのはっきりした区別を殊のほか強調する。マレーによるとこの区別は、一方にあるインペリウム（*imperium;* 帝権秩序）と他方にあるエクレシア（*ecclesia;* 教会）という、中世に見られた区別に由来する。その際、後者によってマレーは全キリスト教世界を、もしくはクリスティアニタス（*christianitas;* 全キリスト教徒）を示している。この区別は世俗的なるものと宗教的なるものとの区別を反映する。中世キリスト教世界の中でインペリウムの役割が限られていたように、アメリカの立憲主義的な秩序は国家に対する制限を成り立たせている(100)。マレーの思想の中で、国家は社会の限られた一部分にすぎない。すなわち、公共的な秩序の維持と行政に責任を有する一部分である。言い換えると、国家は共通善の全体には責任を有していない。国家の本質はそれが強制的な機能を有している点に求められるけれども、この機能は公共的な治安維持の名のもとに行使される。異なる個人や集団が市民社会の中で引き起こす紛争をすべて国家は取りなして和解させる。それゆえ、合衆国憲法修正第一条に出てくる最初の二つの項目は「平和の条項」(101)なのであり、それらによって、宗教に由来する相違は政治の領域から排除され、紛争を内部で処理する国家の役割が実現するのである。このように、国家と市民社会との区別が重要なのは、国家による直接的な統制に縛られない自由な空間を、それが切り開くからである。マレーは次のように述べる。「一般的に、『社会』とは、個人によるものであれ企業によるものであれ、自由が享受される領域を指す。これに対し、『国家』とは、公共的な権力が正当性を伴ってその強制力を行使する領域を指す。この区別を否定することは、全体主義的な統治観を支持することなのである」(102)。

市民間での平和を実現するためには宗教は国家から排除されなくてはならないけれども、市民社会によって設定された国家以外の公的空間の中でそれは成育することが認められる。市民社会では、さまざまな（マレーいうところの）宗教についての「合意（conspiracy）」が共通の土台の上で交わり合い、公共的な生活について論じ合うことができるであろう。そのとき用いられる言語は——ある「合意」を他の「合意」から切り離してしまう——神学のそれではなく、自然法の言語のはずである。すなわち、冷静で、情緒に流されない言語のはずである。マレーの考える自然法とは神学的な前提とは無縁のものであり、むしろ、諸宗教間における理性的な討論を可能にするし、神をまったく認めない「合意」に対しても討論の場を用意できる(103)。この理性的な討論の基礎をなすのは、また一部分そこから生じるのは、公共哲学であり公共に関わるコンセンサスである(104)。ここでいうコンセンサスとは世論や私的利益の総和ではなく、合衆国の政治システムを成り立たせるある種の真理に根ざしている。「私たちはこれらの真理を支持する」(105)。なぜなら、それらは真理だからだ。このコンセンサスは紛争を消去するのではない。むしろそれは人びとの承認を得つつ、理論上紛争が解決される土台としての機能を果たす。

私の当面の目的にとって重要なのは次のことを理解することである。つまり、マレーにおいてこのコンセンサスは、国家の働きと社会のそれとを区別する柵を持続させている。まず、社会には強制がないとされるが、それは正確にいうのであれば、討論を行うための広く同意を得た諸規則がそこに存在しているためであって、こうした諸規則はアメリカが掲げる大義に組み込まれているし、アメリカが経験してきたことの一部分にもなっている。理性的な討論は保証する。公共的な会話は説得をもとにして生じるのであって、強制をもとにするのではない、と。次に――そしてここで述べることがマレーの思考の中で意識されることはほとんどないのだが――このコンセンサスはまた市民社会と経済活動とのしかるべき区別を主張する。経済のもつ力とそれがどこでも確認できること、そしてその力からは国家も教会も、家族も個人も無関係ではいられないこと。それらをマレーは知っている。しかしながら、企業や経済の驕り高ぶった力から私たちを救うとされるのは、他でもない「公共的コンセンサス」という理念なのである。マレーは「公共的コンセンサス」を説明する際、アドルフ・バールに依拠する。バールは、アメリカが享受している経済力の濫用から相対的に自由を守るものとして、このコンセンサスを挙げる。「個人を究極的に保護するものは、自由市場における経済力の行使の中にではなく、一連の価値判断の中に存在する。それは合衆国において広く受け入れられ深く信じられているがゆえに、ここでいう価値を権力が破壊するのを防ぐ必要が生じたならば、世論によって政治的な行動が活性化させられるのである」(106)。公共的なものをめぐるコンセンサスに基づき、経済の力を持続的かつ強制的にチェックする機能を国家は集約する。だから、もし国家が存在しないならば、経済の力はその制約を踏み越えることになるであろう。このように、国家と市民社会とその働きはそれぞれ、相互に関係し合ってはいるけれども、自律していると見なしてよい領域として区別可能なのである。

今日、マレーの試みを解釈する人びとは、彼による国家と社会との区別に中心的な意義があるとしている。たとえば、リチャード＝ジョン・ニューハウスのデモクラシー観の中で非常に重要だとされるのは、「公共空間」においては多くの異なるアクターが存在することである。

国家は他にも存在するアクターのうちの一つである。制度を伴う諸アクターにとって、たとえば物事の究極的もしくは超越的な意味について主張を行う制度的な宗教にとって、必要不可欠なのは国家による調整である。公共空間には――政府に、企業に、教育に、コミュニケーションに、そして宗教に関わる――さまざまなアクターが存在するが、それらは互いに挑

戦を受け、チェックし合い、そして競い合うべきなのだ。(107)

教会は正当にも、公共的な制度としてその存在を認められている。教会は、西洋史の中に悲惨な結果を招いてきた厄介者たる国家の強制力行使に直接関わることがない(108)。正当性を伴う強制力の独占を主張するのは国家だから、教会は国家が関わる事柄に直接介入はしない。宗教戦争という亡霊がその青白い顔を再び見せることがないようにするためである。教会が、広い意味での公共的な討論に自由に参加し、メンバーの宗教的感受性を形作るのに関与する場所は、他でもない、国家の外である。「たとえば核兵器や妊娠中絶についてアメリカのカトリック教会の司教たちが行っていることはしばしば、それを反映した政策を国家が作ることを目指している。しかし、これらの問題に司教たちは、民主的な社会が公共的な討論に供する手段の中で、そしてそうした手段を通じて関わるのだ」とリチャード・マクブライアンは記す。「そのような社会にあって自発的結社は鍵となる役割を演じる。というのも自発的結社は、公共政策に影響を及ぼすべく作られる手段だけでなく、国家と市民との間の緩衝材も提供するからである。アメリカの政治システムの中で教会それ自身は、自発的結社である」(109)。

その著書『裸の公共空間(*The Naked Public Square*)』の中で、ニューハウスは以下のように定義することで、宗教が有する公共的な性質を正当化する主張を行っている。すなわち宗教とは「究極的に真理であり重要であると信じている事柄について、私たちが思い、行い、影響し合う仕方のすべて」(110)なのだ。政治は文化の一機能であり、そして文化の中心にあるのは宗教である。ニューハウスは、それゆえ公共的空間から宗教をはぎ取ろうとすることは馬鹿げていると論じる。なぜなら、私たちが共に生きることを促すものの一つが宗教に他ならないからである。また、法はその正当性を次の事実から引き出してくる。すなわち、「自分たちの集合体にとっての運命か究極の意味だと人びとが信じているもの」(111)を法は表現しているという事実である。そして、国家はニューハウスがいうように「法の源ではなく、それに対する奉仕者」(112)であり、そうした法は人びとに最も深く根ざした道徳的直観に由来する。かくして、ある国の法とは、人びとを結びつける義務のネットワークを具体化したものということになるけれども、この義務は *religare* といい、「宗教」という語はそこに由来する(113)。ニューハウスも認めるように、宗教は過去に、宗教戦争の時代にヨーロッパを引き裂いた熱狂主義の類を引き起こさないようにと難じられたことがあった。しかし、彼の議論によれば今日、暴力の伴う権力闘争に政治を退化させないようにする唯一の道は、公共的な倫理を確立することなのである。そして、ここでの公共的な倫理はアメリカ人が抱いている価値を、すなわち「徹頭徹尾宗教的な信仰に根ざした価値」(114)を、有効に活かすことで築かれよう。しかしながら、このとき宗教が狭く理解されてはならない。というのも、宗教と文化を截然と区別することは不可能だからである。ニューハウスはクリフォード・ギアーツに依拠しながら述べる。宗教は「文化の土台もしくは深み」(115)であり、それゆえ、平和についてのコンセンサスに基づく共通の政治文化を建て上げるに際しては宗教が存在していなくてはならないのである。
しかしながら、もしコンセンサスを得ることが目標ならば、ニューハウスの主張によれば、宗教は、その性格からして公共的な議論の仕方を身につけた上で公共的な領域にアクセスしなくてはならない。モラル・マジョリティに見られた問題とは、「それが、個人にしか妥当しない真理に基づいて公共的な主張を行いながら、政治のアリーナに足を踏み入れようとしたこと」にある。そして、そうした議論は「啓示もしくは天意という源から引き出されており、本質的に個人的かつ恣意的なもの」(116)であった。もうひとりのマレー主義者であるジョージ・ワイゲルはいう。

政治的な公共空間に参加する人には、宗教的確信に基づいて発言する権利がある。しかし発言資格を主張する人は、人びとが聞き取れる仕方で発言する責任を負っている。……具体的な実践のレベルでこのことが意味しているのは次のこととなろう。すなわち、宗教に基づいた道徳的な主張や議論は、異なる信仰を抱く同胞市民が聞き取れて異議も唱えることができるような概念や言語に翻訳されなくてはならないことである(117)。

以上の言明は、「公共的」ということを「皆が理解できる」という意味で捉えるワイゲルの定義から導き出されている(118)。
ところで、マレーを解釈する者が全員、神学的な言語を公共空間からなくそうとする彼の主張に満足しているわけではない。たとえばマイケル・ハイムズとケネス・ハイムズは『信仰の十全性（*The Fullness of Faith*）』の中で、一定の条件のもとで、神学が有する公共的な重要性を認めるよう訴えてきた。ハイムズたちによれば、国家と社会をはっきり区別するにしても、これら両者の間に相互浸透がある事実を見失ってはならない。同様に、こうした認識が前提にしているのは、国家という領域で活動する人びとは、宗教がその人を形成してきたように活動するものだ、という認識である(119)。ここでいう形成は信じる人の心の中でまず生じるものだが、信じる人とは、公共的な活動に従事するにしても、明らかに宗教的な象徴を通じて「基本的態度を方向づけられながら」自分自身を確立してきた存在である。もっともそのことに加え、たとえ話し手の信仰を共有していない人びとが聞き取るにしても、ハイムズたちは神学的な言語が公的な場で用いられることを望んではいる。市民社会における公共的な討論は、宗教的な人もそうでない人も皆が認めるコンセンサスに、すなわち彼ら彼女らが合理的だと見なせることに基礎づけられていなければならない。けれども、そのとき宗教的な人びとは、三位一体といった宗教的な象徴の使用にしりごみする必要はない。神学的な起源を有する特定の象徴を拒否する人びとに対してさえ、それらの象徴は普遍的な事柄を伝達するかもしれないと期待してよいからである。ここでハイムズたちは、デヴィッド・トレーシーの「古典」という概念に、すなわち「それが有する意義のとてつもない大きさや永遠性が最終的な解釈を拒否する事象」(120)と定義される概念に目を向ける。たとえば芸術もしくは宗教の世界でそのような古典が存在する場合、初心者は真理の伝達に従うし、かくして真理は公共的な性格を帯びるようになる。ハイムズたちはまたトレーシーの提言を受け入れる。それは、人が主たる関心を向けるのは真理の「効果」にであって、ある特定の宗教が有する教理の「起源」が公共性を欠いているのかどうかにではない、というものである(121)。

かくして神学は、社会における公共的な生活に対して重要な貢献を果たす。にもかかわらず、市民社会から国家に話が移ると、神学的な諸象徴が引き出す「志向を伴う基本的態度」は公共政策に翻訳されなくてはならなくなる。その際、翻訳で用いられるのが社会倫理であり、換言すれば神学からは直接導かれえない正義論や国家論、およびそうした類の議論である。「公共神学は、公共政策からずいぶん離れている」(122)からである。たとえば三位一体は、社会倫理に含まれる「関係性」という概念にまず翻訳されなくてはならず、その上で、ある特定の権利として認める言語に翻訳されなくてはならない(123)。その結果生じる理論は神学ではある。この神学は公共的な仕方で、制約を受けることなく十分に機能する。だがそれは、違和感を抱かせる信念を他者に課さない仕方で、である。教会は人びとの心を形成するしかるべき地位を占めており、彼ら彼女らの心を公共的生活に適するように整わせる。だが、このときもちろん教会は、国家が有する強制力を用いることとは無縁であり続けるし、神学も、社会が「理に適っている」と想定できる枠の中に留まり続けるとされる(124)。

2　パブリック・アチーブメント

ここで手短に描いたマレーが想定するモデルは、ある空間が持続することを前提しているが、その空間とは、国家から切り離された社会の中に存在するものである。けれどもマレーと彼の衣鉢を継ぐ者たちの間では、ここでいう空間が国家を志向するものとして理解される傾向が共通して見られる。たとえば、自由な議論は国家の外に存する市民社会の中で生じるとされるが、そうした議論は公共政策の形成を究極的には目指している。理論上は制限を課されているけれども、国家は引き続き、正義を確立するための第一義的な手段になっているわけである。ここで問題となるのは、立法化を目指す教会官僚が行う社会正義に関わるロビー活動か、もしくは、総体としての「文化」に影響を与えようとする活動か、そのどちらを優先すべきかである。いずれにせよ、人びとは（単一だと見なされる）公共空間それ自体について語るのだが、このとき、「共通善」が適用される「共通なるもの」とは、国民国家なのである。また、「医療をめぐる議論」が関係するのも、政府が支援する健康保険や処方される薬価の管理、そして老人医療保険などの、連邦議会における立法化である。

しかしながら、市民社会についてはもう一つのモデルが存在しており、それがキリスト教徒たちの間で強い影響力を持ちはじめている。このモデルは、国家の直接的な管轄外にある社会の中で自由な空間を作って維持することを強調する点で、マレーの想定するモデルと関心を共にする。けれども、マレーのそれとは異なりこのモデルが重視するのは公共政策ではなく、市民社会それ自体が有するデモクラシーに親和的な可能性である。このモデルの重要な事例のひとつが依拠しているのは、市民社会についての主要な論客たるハリー・ボイトの著作である。ミネソタ大学にあるハンフリー研究所を拠点にして、ボイトは、草の根レベルで市民グループが力をつけることを通じて、アメリカのデモクラシーが刷新されるべきことを主張してきた。当該分野での幅広い著作活動のほかに、ボイトは市民活動も行っている。彼が尽力していることの中でより有名なものの一つは、いうところの「パブリック・アチーブメント」である。これは、就学期にある子どもたちにシティズンシップという徳を教え込ませようとする試みである。私が生活している地域では、カトリック系学校においてパブリック・アチーブメントが非常に熱心になされており、大司教区が擁する社会正義事務所はボイトと協働して最近、カトリックの社会教説を広く活かすためのトレーニング手段として、カトリック系学校の生徒によるパブリック・アチーブメントの活用を始めた。セントバーナード・カトリック・スクールではパブリック・アチーブメントが根づき、学校の文化を変化させている。毎週木曜日の午前中はパブリック・アチーブメントに用いられ、全学年の生徒すべての当該プログラムへの参加が奨励されている。セントバーナード校は、デモクラシーと社会正義をカトリック系学校が創り出す際の、全国的なモデルになってきた(125)。

ボイトにとって「市民社会」という語は、デモクラシー理論に含まれる三つの重要なテーマを伝えるものであり、それらはいずれも近年、合衆国と第三世界、そしてとりわけ共産主義崩壊期に東ヨーロッパで見られた民主化運動の中から引き出されている(126)。第一のテーマは、普通の市民が平凡なタイプの権力を日常的に行使していることの意義を、改めて評価することである。政治学の主要な関心は選挙や政党に向けられ、共同体の中で具体的に生じている現実の政策決定を軽視してきたけれども、それを克服しようとの動きがないわけではない。事実、ボイトはこれまで地域組織活動をめぐる事例研究を体系化してきた(127)。第二は、国家に対する防波堤となるもう一つの権力の源泉を重視することである。それは長らく左派の政治学に見て取れたバイアスであって、ジェイムズ・スコットの近著のタイトルが示すように、「国家であるかのように考える」というスケールの大きな思考を特徴とする(128)。「市民社会」は一九八九年に生じた諸運動を活気づける概念になり、全体主義的な政治体制をいくつも内側から倒した。第三は、自発的に人びとが集まってできたコミュニティを背景としたとき、そこでなされる自由で非強制的な議論を評価することである。ボイトとサラ・エヴァンズは、彼らがいうところの「自由な空間」研究の先駆けを務める。この空間は、「私的生活と大規模な制度との間にある環境で、そこで人びとは尊厳と独立性とビジョンをもって活動することができる、と定義される。それは概して自発的に作られる組織形態を取るもので、人びとに相対的に開かれた直接参加型の性格を有しており」、多くの宗教的組織やクラブ、そして自助グループなどを含むものである(129)。たとえばここでは、黒人教会を取り上げることができる。それは一つの自律的な制度であり、アメリカ史のさまざまな時点で、支配的な文化に対抗する自由な発言を可能にする場として機能してきた。ボイトによれば、このような制度はそれ自体で重要であるだけでなく、より広いインパクトを社会に与えるデモクラシー運動の苗床としても重要なのである。だからこそ、黒人教会で始まった公民権運動はボイトにとって、「デモクラシーを刷新する」特に重要なパラダイムだとされる(130)。

それゆえ、公共にかかわる討論なるものは国家によって管理される以外ないと固定的に考えるのではなく、地域コミュニティにおける活動から生じたデモクラシーの刷新を促進してゆく。これがボイトの望んでいることである。とはいうものの、「ヴォランタリスト」と呼ばれる人びとに対して、すなわち自発的に作られる組織の中にシティズンシップの活性化を認めて、そこに留まろうとする人々に対して、ボイトは批判的である。ボイトの問いは鋭い。本当に私たちは、「ヴォランティアの人びと」が権力に立ち向かうことを期待できるのだろうか(131)。このときボイトが批判するのはベンジャミン・バーバーのような理論家たちである。彼ら彼女らは(マレーと同様に)、政府活動と経済活動の両方と対比して「市民社会」を規定する。バーバーにとって市民社会は、国家の強制力と市場の大量消費主義からの一種の逃れの地とされるが、そうした規定をボイトは宿命論的だと見なす(132)。ボイトによれば、デモクラシーの刷新は「自由な空間」の中に留まり続けるべきではなく、国家や企業といった諸制度にチャレンジしなくてはならない。このチャレンジにとってきわめて重要になるのが「パブリック・ワーク」という概念である。これをボイトとナンシー・カーリは「『仕事』それ自体もしくは生産それ自体だけでなく、公共的な側面を有する仕事の様式（すなわち、公共的な目的を伴い、人びとによって行われ、公共的な背景の中でなされる仕事）をも」指すものとして定義する(133)。「公共的」であることと「仕事」との区別を鮮明にしないようにするためにボイトとカーリーが望んでいるのは、アメリカの建国をヴォランティアの人びとによる余興としてではなく、人民が日々の働きを積み重ねた産物として捉える感覚の更新である。仕事がなされる場を可能性に富む公共的な場として再生する。そうすれば、通常公共的だと思われるものも、普通の人びとの仕事として、ということはつまりどこか遠くにいる国家官僚の操作の産物としてではなく、作り直されることとなる。

ボイトはまた、自身が「モラリスト」と呼ぶ人びとに対しても批判的である。この人びとは、デモクラシーの実践が退化している原因を、政府や経済にではなく、モラルの低下や個人が責任を引き受けなくなったことに求めて非難する。これに対してボイトは、公共的な事柄に対する市民の感覚を更新しようと訴えかける一方で、アメリカのデモクラシーをおかしくしたという廉で市民たちを批判するのは誤っている、とも信じている。ボイトはいう。モラリストたちの思考に欠けているのは、アメリカ人がかくも無力感を覚えていることの理由に対する、そして人びとを受動的にする政府と市場の圧倒的な力に対する、真摯な分析である(134)。市民社会を実践することとは不可避的に、権力の観点から物事を語ることとなる。この点で、ボイトはおそらく、権力よりも理性を強調したマレーたちの立場を批判することになるだろう。なるほどボイト自身は合意形成を重視はするが、それは競合する権力のつかみ合いから生じるのであって、面白味のない道理をわきまえた公的なフォーラムからではないのである。

ボイトの著作において理論が実践と出会う場所の一つは、今日カトリック系の学校で採用されているパブリック・アチーブメントの中にある。そこで謳われている目標は若者たちを「市民として考え行動できるように」(135)教育することであり、事実、セントバーナード校では「二一世紀にふさわしいカトリック市民を育む」(136)というテーマが採用されている。そこで用いられる方法は、人びとを「パブリック・ワーク」に従事させることである。「パブリック・ワーク」とはここでは、「さまざまな人間集団と共に、困難な仕事に継続的に取り組むこと。その目的は公的な問題を解決することであり、また私たちが生きるコミュニティや世界の形成に対して不断の貢献を果たすこと」(137)と規定されている。指導者に導かれながら、若者たちからなるチームは特定の問題への取り組みを決めて、そして行動を起こす。扱われる問題の幅は、スケートボードができる公園の必要性から始まり、コミュニティ内で生じる人種差別、そして絶滅危機に陥っている動物や不法就労者に対するアメリカの政策にまで及ぶ(138)。また、パブリック・アチーブメントが生み出した行動の中には、しかるべき当局者に対する訴えや、投書、募金活動、コミュニティ活性化プロジェクトや他の活動が含まれている。

市民社会の理論はこうした実践に刻み込まれている。かくして、パブリック・アチーブメントは、若者たちにこの理論を説き聞かせ、「公共的なアイデンティティ」を発達させることに集中することとなる。毎週行われるブリーフィングの時間では、核となるパブリック・アチーブメントの概念について、たとえば「知識やパブリック・ワーク、自己利益、そして権力を共同で創り出すこと」(139)について、深く考える機会が与えられる。デモクラシーは「人民の仕事」(140)として定義されるのであって、単なる政治のプロの仕事ではない。のみならず、デモクラシーが意味するのは「国家の統治に参加する人びとの権利以上のものである。それは、すべての人びとが権力を保持し、私たちにとって共通の世界を創り出すためにそれを行使できるということ」(141)をいわんとする。社会では集団による自己決定が個人による自己決定に優先することが認められているけれども、パブリック・アチーブメントにおいて自由とは「自分自身の人生と目的を他人に妨げられることなく選択できる」個人の能力と定義されるのである(142)。

最後の点は重要である。アメリカのデモクラシーを刷新する以外、特定の目的が存在しないからである。ここでの主たる強調点は、多様な目的を有する多様な人びとをどう扱うかに置かれている。それゆえ、どのような問題が設定されるかは、参加者の自己利益次第なのである。「伝統的な型の市民教育は、政治の制度面や……もしくは社会奉仕（たとえば貧困者の救済）に焦点を当てる。こうした取り組みからパブリック・アチーブメントは出発するが、それは、参加者の自己利益と、多様な価値と文化が織りなす世界の中で公共的な貢献を果たすという構想とに、強い関心を払うことを疎かにはしない」(143)。この一節が示しているように、自己利益という言葉は狭く定義されるものではない。パブリック・アチーブメントが掲げる主要なテーマの一つは、私もしくは私たちが政府から獲得できるものに基づいて政治を考えることと距離を置いてみることである(144)。利益はつながっており、それは自己利益から広い意味での公益にまで及んでいる。このことを、パブリック・アチーブメントの参加者たちは意識するようになる。にもかかわらず、参加者たちが注意を喚起させられるのは利益というものの重要性であり、また彼ら彼女らは「パブリック・ワークがそもそも前提としているのは、強い関心をもっている問題に対して人びとはアクティヴになるだろう」と教えられる(145)。目的が与えられていなければ、いかなる問題に取り組んでいくべきか、またどのように取り組んでいくべきかについて決定を下す際、個人や集団の自己利益が決定的な役割を担う。そのことをパブリック・アチーブメントは承認するに違いない。公益は、合意を形成する過程の中から生じる。けれども、ここでいう合意形成によって期待されているのは、目的についての同意が多様な利益を有する多様な人びとの間で達成されるはずだ、ということにとどまる(146)。合意とは、マレーにとってそうだったように、真理について抱かれる強い観念によって補強されるわけでは決してない。

3 問題

コンスタンティヌス体制のそれでもないし私事化したそれでもない、教会が担う空間というものを思い描こうとする。そのことに私は心から賛成する。私的な言説のゲットーから神学を解き放とうとハイムズたちが試みていることは大いに称賛に値する。ボイトが構想していることはもっと先まで及んでおり、公共政策の策定にだけ焦点を当てることを打破しようとする。また、私はボイトの思想に見て取れるポピュリズムに深く共感している。ここでいうポピュリズムとは、国家のヘゲモニーに囚われない「自由な空間」として、しかも可能性に満ちたそれとして教会を評価しようとするものである。キリスト教徒の教育者たちは、パブリック・アチーブメントという仕方でボイトの思想を活用しようとしているが、それは、政治に関わる教会の発言や行動を、選挙時での投票行動をもじもじと勧める以上のものにする潜在力を秘めている。にもかかわらず、公共的で重要な位置づけを教会に与えようとするこれらの試みを無にしてしまう問題を何点か、私は指摘したい。

最初に。マレーの衣鉢を継ぐ者たちとボイトの両者とも、国家と社会の相互浸透について、語ることがあまりにも少ない。両者において市民社会は本質的に、国家の強制力という手が及ばない自由な空間だとされている。ここでの権力の流れ方には、市民社会から国家へと動く傾向があり、民主的な組織と社会運動の究極的なゴールは――ボイトにとってさえも――国家に影響を与えることを通じて、そうした運動が有する力を広めることにある。個々人が国家を制限し、支配し、そして用いる可能性も想定されてはいる。だが、それが強調されるのは、ボイトが批判する「公民教科書的な」取り組み方からはあまりかけ離れていない仕方で、である。マレーの衣鉢を継ぐ者たちは合理的なコンセンサスを重んじるけれども、それ以上にボイトの取り組み方は権力を強調する。にもかかわらず、このとき権力は一方向に、すなわち市民社会から国家の方向に、流れるものとして思い描かれがちである。

だが、こうした人びとが描写的に語るのを聞く限り、ここでの市民社会の見方は説得力を著しく欠いていると私には思える。政治学者のマイケル・バッドが記したように、「マレーの国家論はせいぜいのところナイーブで、公民教科書から政治学的記述へ直接的に移行したものとして説明されうるに留まる」(147)。直接的にせよ間接的にせよ労働人口の三分の一が国家に関わっている社会にあって、より広い社会全体の中で国家は小さく限られた部分にすぎないと主張することは、アメリカ建国の父祖たちの意図はどうであれ、経験的にいっても端的に誤りである。公共空間でなされる自由な討論なるものは、実際には国家からの影響を多大に受けている。ニュースとして扱われることは日増しに、情報操作に長けた人びとやメディアの支配者たちによって決定されている。そのメディアが情報源を求めているのも、政府の報道官であり、また、国家機構と密接に結びついた各種の「専門家たち」なのである。

しかしながら、「大きな政府」という問題に留まらず、後期資本主義における国家を扱った他の政治学者たちの著作には、単一の複合体における異なる契機として市民社会と国家を理解し、その融合の度合いを強調する傾向がある(148)。ここでは経済、政治、社会そして文化という諸領域は統合され、一方で文化が市場の論理に従い、他方で政治機構が資本の作動する空間を創出するまでに至っている。公共的な議論として受け入れられるものも、国富蓄積の論理に日増しに従うようになる。たとえば、州立学校で給食を出す計画が擁護されるにしても、それは、生徒たちのパフォーマンスを向上させて、日本人を相手とするグローバル経済の中で国家の地位を上げるという観点からなのである(149)。このようにして、国家と社会の複合体は、他の形態の議論から、たとえば教会でなされるような議論から、力を奪いそれを吸収していく。国家は社会の一部にすぎないと思うことは、教会の衰退に拍車をかけるだけなのである。国家は、自由に集められた一般意志を表出するための単なるメカニズムではないし、さまざまな階級が思いのままに用いることのできる中立的な道具でもない。むしろ国家とは、ケネス・スリンにいわせると、「社会階級や、社会の中で従属的な地位にある人びとが行う抵抗を、主として象徴を媒介にして表出することで、緩和と中立化を図る」ことを課題とする制度の集合なのである。スリンの主張によれば、国家は「社会が産みだしたもののすべてを、従属的な地位にある人びとのための、何か『中立的』かつ不可避なものとして表出することによって、人間の営為を積み重ね続いていくことに貢献する」(150)。かくして、たとえば需要供給の「法則」や自己利益の極大化は人間の本性に対応しているとされ、また、エコノミストの予想することは、実際は規範の記述でもあり現実の記述でもあるのだが、後者として受けとめられがちになる。

歴史が示しているように、近現代の国家は、市民社会にある諸組織を通じて表明された人民の意志に仕える単なる道具ではない。事実、近現代の主権国家は、より下位にある共同体から権力を簒奪することで、自らの姿をはっきりさせてきた。国家を家族や素朴なコミュニティからの自然な発生物だとする見解はきわめて疑わしい。ロバート・ニスベットが指摘しているように、近代国家は、親族関係や地方にあった社会集団に対する反対から生じた。「西洋における国家の歴史は、それまで他の組織が有していた権力や職務を徐々に吸収していくことによって、また、国家が有する主権の権威と個々の市民との直接的な関係を増やすことによって、特徴づけられてきた」(151)。

ここで述べている近現代史の過程を示す例は、枚挙に暇がない。親族関係、所有権、相続の規定に国家が介入すること。国家によって「作られた」か制定されたものとして法を概念化すること（このとき法は、神に由来し、慣習や伝統の働きを通じて「啓示される」ものだとは理解されていない）。教会法廷が廃止されたことと司法権の保持が国王のみに移されること。地方で独自に認められていた義務と特権が、同等な個人の権利に取って代わられたこと。共有地の囲い込み。国家による正当な暴力行使の独占が確立したこと(152)。これらの、および数え切れない他の事例を裏打ちしたのはヨーロッパ大陸におけるローマ法の使用であって、それによって国家は、自身よりも下位にある諸組織を承認するか承認しないかする特権を、自分だけに帰属させた。このとき諸組織は、純粋に「擬制の（fictitious）」人格〔法人格〕を、すなわち、自然に獲得したというよりは王令によって中央から与えられた法的な名称（nomen juris）を認められるようになった(153)。

国家主権の確立と他の諸組織の衰退は、個人の抑圧をではなく解放を意味する。この点を、ホッブズやルソーのような、どこまでも国家を中心にして考える理論家たちは、非常にはっきり主張している。ニスベットが明らかにしているように「近現代の政治史に生じた本当の対立は、しばしば語られるように、国家と個人との間ではなく、国家と社会集団との間に存在してきたのだ」(154)。事実、国家の出現は、個人の創出に基づいている。誰もが認めるただ一つの政治の中心を実現することによって、一人ひとりの個人は法の前にみな平等とされる。そして、そのことによって、ある人びとを同胞から区分してきた地域的な慣習と服従義務との一貫性のなさから、個人は解放されるのである。たとえば、中世にあったギルド・システムや、経済的事項に対する宗教的慣習の果てることのない「干渉」が消滅したことは、「自由」市場を引き起こすことを意味していた(155)。国家権力は資本主義の台頭と歩調を合わせて成長した。その証左となるのが、ビジネスや国際貿易に対する国家の直接的な支援であり、国家公認の規格化された通貨制度および租税システムの発展であり、そして、土地や物品やとりわけ労働を商品化し契約の対象にできる中央集権化された法システムの出現である。換言すれば、恣意性を排した非人格的で中央集権化した国家とは、自律的な個人の発明と共に発生したのであり、ここでいう個人とは伝統的な所属集団の縛りから解き放たれていて、いまや契約に基づいて他の個人と関係する存在である。財産――それは労働という形式のもとでの自己自身を含んでいる――は譲渡可能となった。それがゆえに、資本家と賃金労働者の両方が誕生したのである(156)。

「組織化された犯罪としての戦争の形成と国家の形成」と題された論文の中で社会学者のチャ

ールズ・ティリーは、国家が正当な暴力を独占していることと、近所のやくざがみかじめ料を取り立てることとの類似性を分析している。ティリーによると、「強制力を有する利己的な起業家として、戦争を起こす人びとや国家を形成する人びとを思い描いてみよう。するとそこでは、それ以外の仕方による以上に、両者の類似性を示す事実が非常にはっきり浮かび上がってくる。その事実とは、社会契約、軍と国家を動かす人びとが顧客にサービスを提供する開かれた市場、そして、共有された規範と期待を通じて政府を立ち上げる社会を、両者が共に想定していることである」(157)。国家は莫大な税金を取り立てる。そして、そこに住む人びとを国内外で生じる暴力から保護することと引き換えに、殺し殺されるために彼ら彼女らを派兵する権利を強引に認めさせている。国家が戦争を起こすことを単なる「保護」ではなく「みかじめ料の取り立て」と言い換えてみたが、それは、脅威に対する防御を国家が提供している事実に由来する。というのも、ここでいう脅威とはしばしば国家が自ら作り出すもので、想像上のものか、もしくは他ならぬ国家自身の活動の結果だからである。そのうえ、国内での抑圧や「防御」のために国家が人びとに金と身体を差し出させることはしばしば、まさに実質的な意味で、通常の市民生活を損なうものとなっている。「拒否できない提案」は通常、最も割に合わない。〔アメリカ国家を擬人化した〕アンクル・サムとゴッドファーザーとの主たる相違点は、政府に正式に認められているという安心感を後者の暴力が享受できなかった点にある(158)。

ティリーは、正当性を論じたアーサー・スティンチコムの著作に依拠しながら明らかにする。

歴史的に見るなら、「不当な」暴力から「正当な」暴力を区別するのは、それが、被支配者の側からの同意と関係しているかどうかでもなかったし、私たちを縛る宗教的な感情と関係しているかどうかでもなかった。むしろ、こうした区別がはっきりするようになったのは、一定の領域内で暴力という手段が国家によって効果的に独占されたためである。ここで念頭に置かれているのは、一六世紀と一七世紀における近代国家の誕生と共にヨーロッパでのみ完成を見た、徐々に進展したプロセスのことである。国家の暴力と強盗のそれとを隔てる境界線は、国家形成プロセスの早い時期においては流動的であった。だが結果として、国家に関わる人びとの方が他の組織に関わる人びと以上に、より効果的にそしてより広範囲に、暴力の供給に貢献できたのである(159)。

国家を形成するプロセスは、勃興しつつあった国家の権力エリートたちが遂行する戦争と切り離せなかった。ティリーが述べているように、「ヨーロッパにおいて完成された国家や形成過程にあった国家を支配する人びとは戦争を行ったが、それは自分たちの競争相手を抑制して支配するためであり、そうすることで、閉じた、もしくは拡大しつつある特定の領域の中で、権力の優位性を享受するためだったのである」(160)。戦争をより効果的に行うべく、国家の支配者たちは、臣民たちの金銭と身体に対して常に手を出せる機会を確たるものにしようとした。戦争を起こす力を作り上げることによって、また常備軍を創設したことによって、支配者たちはライバルたちを抹殺する権力を、また、そのために必要な資源を臣民から独占的に搾り取る権力を増強した。こうした搾り取りの活動を促進したのは、徴税機構の、法廷の、そして献身的な官僚の勃興、要するに、一定の領域内で主権に基づく行政を可能にする近代国家の勃興だったのである(161)。

これらのことに対する支配される側からの同意は、暴力という手段を国境線内で独占する国家を後追いして発生するものであり、かなりの程度そうした国家によって作られるものである。概して人びとは、巨大な武力を支配する権威者が下す決定を、多くの場合承認するものだが、このとき動機となっているのは、報復に対する恐れである。けれども、もう一つ同時に動機となっているのは、社会の安定から利益を得ている人びとが抱く、かの安定を維持しようとの思いそのものなのである(162)。ティリーが述べるように、「暴力という手段を独占する傾向によって、人びとの保護を買って出る政府の主張は、よい意味でも悪い意味でも、より信頼に値し、より抵抗しがたいものとなる」(163)。

市民社会から国家へと権力が向かっていくマレー主義者のモデルとは対照的に、ヘーゲルに始まる他のタイプの政治理論家たちは、他の方向へと、すなわち国家から市民社会へと向かっていく権力の動きを描いてきた。ヘーゲルによれば、市民社会にある諸団体は、国家と個人との間で教育的な機能を引き受ける。仕事はヘーゲルが定義する市民社会からは排除されない。むしろ市民社会とは、具体的な労働が抽象的な労働に変化させられる場なのである。つまり、統制を受けていない労働力が、社会全体の利益のために、他ならぬ市民社会に存在する労働組合、学校、会社といった諸制度によって取り上げられる場である。労働は、そして個々人の利益と目的すべては、「倫理的理念の現実性」である国家の中で完全に実現され、集約され、普遍化されるに先立ち、それらの是非を問おうとする市民社会によって吟味されなくてはならない(164)。ヘーゲルによるならば、生産活動や家族に基礎づけられているものの、国家はそれらの結果ではなく、むしろ最も重要で、生産活動や家族の真の土台なのである(165)。仕事や家族そして人格それ自体も、国家に関わるときにのみ「現実」となるし客観性を獲得する。

ミシェル・フーコーは、ヘーゲルが理念と見なしたものがどのように恐ろしい現実になっていったのかを、事実に基づいて詳細に示した。市民社会にある諸制度——政党、組合、学校、企業、教会、監獄——は、教育的もしくは規律的な機能を有していて、それが国家というプロジェクトを現実のものとしているのである(166)。たとえばフーコーは労働組合を、国政に影響を与えるべく忌憚のない討論を行って労働者の利益を代表するもの、とは理解していない。むしろ彼は、組合がどのようにして、資本主義社会で生じた対立関係を調停するのに貢献し、資本主義国家を下支えする労働者を生み出しているかを描写する。労働組合（と教会）が戦時下に示した異常なほどの愛国心がフーコーの所説を証ししている。これは必ずしも、市民を教育し宣伝漬けにすることを意図して、国家が自覚的に陰謀を働いている、ということではない(167)。監視は西洋社会の一般的な特徴になったが、監視という特徴は国家のヘゲモニーを伴いつつも、規則を課すのに全体主義に見られたような特定の中心に依拠することはない。フーコーがパノプティコンのイメージに訴えて描いた権力は、正確には次のことを示している。つまり、自己規律が規範となるのであって、それは、市民社会にある一見したところ自由な諸制度が果たす教育的な機能によって強化されるのである。マイケル・ハートが「市民社会の衰退（The Withering of Civil Society）」と題するエッセイで論じたように、市民社会と国家の間にあった重要な区別はもはや存在しておらず、両者はかなりの程度一体化してしまった。そう述べることがおそらく最も正確に現実を描写していることになるのだろう(168)。例を示すなら、政府による規制は――それはたいてい良い目的を有しているが――社会のあらゆる面とあらゆる種類の活動に及んでいる。そのうえ政府はますます財とサービスを供給する官僚制的なプロバイダーと目されるようになっている。このプロバイダーの主たる仕事は「顧客」に奉仕することだが、この事実はボイトを嘆き悲しませるであろう。人間の自発性を主唱する人びとに反論する中で、ボイトは次のことを認めている。つまり、市場の促す合理化によって支配されたがゆえに、国家とビジネス、そして市民社会それぞれの空間は範囲として重なり合うまでになったのである。ボイトはとりわけ私たちを憂鬱にさせる例として、メガチャーチに見られる経営管理的な文化を取り上げる。そこでは、特別な礼拝を行うことによって、新たにそこに足を運んだ人びとを引きつけることが強調されるのである(169)。現代の神々は、国家、市民社会そして経済のきちんとした区別を重んじない。この点はミシェル＝ド・セルトーによって鋭く指摘されている。

ラジオ（そこから流れる声は法である）によって定時に目覚めさせられたリスナーは、ジャーナリスティックで広告性に富むテレビ仕様の物語が生い茂る森を一日中散歩する。そして夜になると、眠りにつこうとしている人びとに最後のメッセージがいくつか届けられる。過去にあって神は神学者たちを通じて私たちに語りかけたが、それ以上のことがいま起こっている。物語が摂理や予定の機能を司るのだ。物語は、私たちの仕事や私たちが喜ぶべきことを——私たちの夢さえも——前もって形作っている。社会生活が増幅させるのは、紋切り型の物語が私たちに刷り込んだジェスチャーであり、また行動様式である。かくして社会生活は、物語の「コピー」をずっと作り直し続けるし、保管していく(170)。

これまで述べてきた国家と社会そして経済の相互浸透がもし事実であるならば、国家の外にある自由な空間という理念を唱えることは、もう一つの空間を真に創造するに際して十分な意味を持たないであろう。実際、パブリック・アチーブメントのような試みは、教育もしくは規律の類の役割を果たすものとして理解できるし、ヘーゲルやフーコーならそれを、市民社会が有する諸制度の道具として思い描くだろう。たとえばパブリック・アチーブメントが自由を定義するとき、そこで前提となっているのは、ある種の人間論である。この人間論は、民主的で資本主義的な秩序と融合できる。けれどもそれは、キリスト教的な人間論とはそう簡単に融合できないだろう。後者においては、人間が抱く目的は選び取られるのではなく、神によって与えられるとされるからである。もしキリスト教徒の子どもたちの「公共的なアイデンティティ」が国民国家の市民として形成されるのであれば、パウロがフィリピの信徒に対して述べたように、洗礼によって自分たちの「国籍は天に」あること（3・20）を忘れたとしても、また、パウロがエフェソの信徒たちに思い出させたように、自分たちの仲間たる市民が聖なる人たちであること（2・19）を忘れたとしても、それは無理からぬことである。言い換えるなら、キリスト教教育を標榜する学校の中であっても、公共的な問題を論じるのに用いられるキリスト教に特有な言語と距離を置こうと自らを律してきたのならば、教会を「自由な空間」として見なすことは困難になる。

マレー主義者とボイトが示したモデルの両方において、「公共的」なるものに入場する際に教会が支払う代金は、公共的な理性という敷居の上を教会の特殊な真理主張が超えないようにすること、すなわちキリスト教的発話に対する自己規制である。パブリック・アチーブメントの場合、キリスト教に独特な目的――たとえば、自己利益を考慮するよりも貧しい人びとに対するケアを特別に優先すること――は、多様な目的が入り交じる中でコンセンサスを得るための純粋に手続き的な精査に従わなくてはならない。というのも、突きつめれば、多様な目的のうち何一つとして、自己利益に基づく選択に由来していること以上の正当性を主張できないからである。政治理論家のロマン・コールズはボイトに見られるプラグマティズムを批判するが、それはボイトが――彼自身の意図に反して――少数者の地位について、そして昨今流行りそうもない真理の主張について、沈黙しがちだからである。多くの異なる声を集約しなくてはならないと強調すれば、共通目標をめぐって早急にでも一つにまとまらなくてはならないとの自覚が育まれるにちがいない。その際、コールズが論じているように、政治をめぐる会話で用いられる用語で、一般的な立場からすれば「馬鹿げている」か「あつれきの種になる」ように思われるものを変えようという提案は、沈黙を強いられる危険がある。「組織の中にいる多くの人びとにとって、もしくは組織が主としてアピールしようとしている人びとにとって、馴染みのない視点に立ち、馴染みのない言い回しを用いる人びとが存在する。ところで、プラグマティックな政治なるものには、そうした人びとの声を聞き取ろうとしない姿勢や、彼ら彼女らに対する不寛容を助長する可能性がある」(17)。たとえば、ボイトは黒人教会を「自由な空間」のモデルとして取り上げはする。けれども、いくつかの黒人教会が行なおうとしている仰々しい真理の主張を、たとえば「イエスは主だ。それも、私たちにとってだけではない」といったような真理の主張を、ボイトがどういう理路で公共的なものとして受け入れるのかははっきりしない。しかし、それ以上に重大な問題は次の事実にある。つまり、自らが主張するところとは別に、パブリック・アチーブメントはある一つのことを究極的な目標として自明視している。それは、アメリカン・デモクラシーの刷新である。この点については、会話がなされたとしても、そこに多様性は存在しない。アメリカン・デモクラシーを成就することは、人間の行動目標として、そして真っ当な信仰が取り組むべき課題として、素朴な仕方で想定されているのである。

自己利益の上にではなく神が与えた真理の上に、公共的なものに関わるコンセンサスは築かれる。そう説く点で、少なくともマレーの立場ははっきりしている。それにもかかわらず、マレー主義者たちの試みが示しているのは、公共の場における神学的な正当性主張を教会が自己規制する姿である。「公共的なるもの」は国民国家を前提して理解されているのに、そうした「公共的なるもの」によって理に適っていると見なされるものに対して、神学は道を譲らなくてはならない。キリスト教に独特な象徴にしても、それらは、社会倫理というブロック肉を非キリスト教徒でも消化可能な政策としてミンチにする過程を経た上で、用いられなくてはならない。しかしながらタラル・アサドが示したように、イエスの弟子たらんとする者たちの共同体とは別個に論じ得る象徴体系としての宗教なるものは、近代の発明品であり、それによって教会は、近代世俗国家の中へ簡単に吸収されてしまったのである。ハイムズの見るところ、儀礼と象徴は概して、手段としての行為やプラグマティクな行為とは性格を異にする。なるほど、キリスト教の象徴は、それが表現しようとする現実とは別のところに成り立っている。またその象徴は、(クリフォード・ギアーツが主張しているように)公共的に活かすことのできる行動へと転用可能な動機を導き出すように機能もするし、イエスの弟子たらんとする人びとの共同体に参加することとは切り離して、人間や社会の変化を導き出すことができる。しかし、中世における——特にベネディクト会における——実践に関する研究でアサドが指摘しているように、キリスト教的な規律やイエスの弟子たらんとすることに関わる包括的なプログラムとは無縁の活動として、儀礼が想定されることは決してなかった。事実、宗教的な象徴は、身体性を伴う規律と権力の実践から切り離すことはまったくできなかった。アサドは指摘する。近代になると「(知的かつ社会的な)規律は宗教的な空間を放棄して、そこに『信仰』『良心』『感覚』が居座るがままにさせた」(172)。だがこのことが意味しているのは、規律が消えたということではなく、いまやそれが、強制手段を排他的に独占しているとされた国家によって執行されているだけのことである。西洋近代にあって規律が主に作動する場は国家と社会の複合体となり、逆に教会はその性格を、私的団体に準じる自発的結社へと改変してしまった(173)。

宗教を公的なものにしようとすることに伴う主要な問題は、それが依然として「宗教」であることにある。宗教に特有の本質を規定しようとすることが、そして「政治」や「経済」に付随するものにすぎないとの非難から宗教を擁護しようとすることが、近代にあって、理性や権力が働く領域から宗教を取り除くことにどのように結びついたのか。アサドが論じているのはそのことである(174)。いまや宗教は、教会でなされる特定の実践とは切り離し可能な、普遍的な実体である。それゆえまた、国民国家を自分たちにとっての第一義的な共同体と見なし、争いのないコンセンサスを得ようとする信念を抱く市民であれば誰にとっても必要とされる動機づけを、宗教は提供可能になっている。先に見たように、「政治」から切り離された超歴史的な現象としての宗教は西洋近代の創造物であり、教会を飼い慣らすものである。宗教は文化の面で、そして象徴の面で異なる表現を採るかもしれない。けれどもそこでは、総じて政治権力とは切り離された普遍的な本質が保たれており、この本質は、通用力を高めようとするのであれば、人びとが広く受け入れ可能な「価値」に翻訳される必要がある。宗教は、規律を伴う教会の実践の中に見出されるべきものだが、いまやそこから切り離されている。だがそれゆえに、宗教は、国家が課す規律に対して近現代のキリスト教徒が示してきた服従と矛盾しなくなっているのであろう。ボダンの声は、コモンウェルスを保つ接着剤に宗教を仕立てようとする公共神学者たちの中で鳴り響いている。つまり、論じられるべきは宗教であって、教会ではない。なんとなれば、教会は権力の領域から完全に切り離されていなくてはならないからである。

それゆえ大きな皮肉は次のことにある。つまり教会の方が、単に公共的であろうとするよりも「公共的なるもの」に影響を与えるために準備万端整えたことによって、公共的なるものの方は教会を思い通りのものにしてしまったのだ。教会が公共的であろうとするとき、鍵となるのはイエスの弟子たらんとすることであるが、それにシティズンシップが取って代わってしまった。神学が公共的領域から追放される中で、教会が理解したのは、神学的に誠実に発言することが教会の中でも難しくなったということである。教会は持てる権力を公共空間に流し出したが、そのことは反転して、教会それ自体が埋没する恐れを生じさせている。

典礼、サクラメントそして教理は、いろいろな社会問題が織りなす「現実世界」に対して妥当性を欠く。そう多くの人びとは考えているが、これはさほど驚くべきことではない。キリスト教が用いる象徴は教会とは関係なく流通するものであり、それは神学的にもれっきとした社会的実在になっている。この世から退却しようとするのでないならば、キリスト教が用いる象徴は翻訳され取り換えられなければならない。だが象徴とは反対に、キリスト教の伝統にあって典礼とは、個人消費用の象徴を産みだす装置以上のものである。元となるギリシア語 *leitourgia* が示しているように、そしてパブリック・アチーブメントがどう理解されようが関係なく、典礼は真の意味で「人びと（*laos*）の仕事（*ergon*）」なのである。神の祝福が教会を世に送り出すとき、祭壇の周りに人が集まってできた教会は、市民社会の中に拡散されないし吸収されもしない。典礼は、良き市民たらんとする内面的な動機を起こす以上のことをなす。典礼は一つの体を、すなわちキリストの体を作り出す。アンリ・ド＝リュバクの言葉によると、聖餐は教会を作るのだが、教会はそれ自体独特な（*sui generis*）社会的身体であり、市民社会に存在する自発的結社の一つに還元できない公共的な存在なのである。

このことが示唆しているように、私たちが検討してきた二つの市民社会のモデルに伴う最も根深い問題は、思うに、その活気を欠く教会論にである。二つのモデルは、公共的な領域におけるキリスト教徒のプレゼンスを、私的にでもなく国家に囚われることでもない仕方で求めようとしている。だがそれらのモデルは、重要な社会的空間としての教会が有する可能性を考慮しようとしない。ここに欠けているのはアウグスティヌス的な感覚といってもよいのであって、それによると、教会とはそれ自体もう一つの「空間」である。また教会とはひとまとまりの実践であり、教会員が有するシティズンシップは地ノ国（*civitas terrena*）におけるそれと一種の緊張関係に置かれるはずなのである。アウグスティヌスによると、帝国（*imperium*）ではなく教会が真のレス・プブリカ（*res publica*）、すなわち「公共の事柄」となる。正義を司ろうとしなかったことにより、そして神を神として扱わなかったことにより、真に公共的なものだとの主張を帝国は行い得なくなっている(175)。他方、マレー主義者とボイトにとって、公共的とされるのは国民国家の縛りを受ける空間である。そこでは、公共的なるものに足を踏み入れることは、一つの身体としての教会を去ることだとされる。「方向づけられた基本姿勢」によって培われた個々のキリスト教徒は、公共的空間に足を踏み入れることができる。けれどもこのとき、教会それ自体は後景に退いている。教会は本質的に社会性を欠く団体だとされ、せいぜい公共的な活動に対する「モチベーション」と「価値」を人びとに提供するだけである。それゆえキリスト教徒は自分たちの政治と自分たちの公共性をどこか他から探さなくてはならず、世俗的な国民国家によって提供された使い勝手の良さそうな方策に頼ることになる。もし公共的に生きようとするのであれば、私たちはシティズンシップの言葉遣いを身につけなくてはならない。カトリックの学校に通う生徒が就業ビザを有していない労働者の苦境に取り組もうとしたとき、この労働者たちも「市民」だと教えられる。だがこのとき、労働者たちのシティズンシップが否定されているという事実それ自体が彼ら彼女らの苦境の原因なのだという点は不問に付されているのである。

4　公共空間としての教会

近現代のキリスト教徒たちには、国家の救済能力に対して膝を屈する傾向があったし、彼ら彼女らはそれをしばしばキリスト教的な理由に基づいて行ってきた。いわゆる「世俗化」を、聖性を徐々に取り去ることだと見なすだけでは十分ではない。むしろ、それを通じて私たちが手にしたのは、人びとの救いに関わる神話の代用品なのである。しかも、後継の神話は大勝利を収めてきた。というのも、それは先輩格の神話の真似をしているからである(176)。教会と剣が無縁になる過程で多くのキリスト教徒たちが目にしたのは、平和の神が権天使や諸力の束縛から解き放たれることだった。また、宗教的な多元性をそのままにして国民統合が果たされる過程で、多くのキリスト教徒たちが垣間見たのは、統一と平和をめぐって本来彼ら彼女らが願い求めていた約束である。

しかしながら、個々の市民によって成り立つ自発的結社の役割に教会がもし甘んじるならば、そのとき教会は、国家の宗教性（*religare*）に対して、すなわち国家による人びとの拘束に対して、抵抗するのに必要となる規律化のための資源を手放すことになるだろう。もちろん、教会が「公共的」であることを要求するのは、教会がもう一度剣を手にすることを要求することではない。それどころか正反対のことである。私は教会が課す規律を国家が課すそれと対比させてきたが、それは国家のためになされる暴力に対抗するためであって、この暴力は現代にあってもたくさんの流血沙汰を引き起こしている。国家による暴力の独占に対峙することが意味するのは、教会が再び特定の行動を起こすことではないし、別の種類のコンスタンティヌス体制を立ち上げることでもない。私が論じようとしてきたのは、教会を権力から切り離すことは、混乱した西洋の歩みの中で引き起こされた流血を止めるのに役立たなかった、ということである。戦争の深刻さは計り知れなくなっていった。宗教を実践する人びとが立ち上げる自発的結社として教会を再創造することは、私たちの抵抗能力を弱めるだけだった。国家が課す規律は、教会が「公共的な場でのディベート」に参加しようと関与しようと、いずれにせよ弱まることはないだろう。

教会をそれ自体公共的な空間として解釈することにいかなる意味があるのだろうか。答えは以下の通りである。第一に、「公共的」という語が言わんとするところについて、私たちはより正確になるはずである。なるほど私は「公共的」という語を、否定形を利用して、「私的ではない」という意味で用いてきた。すなわち、個人や家庭に限定されない、という意味である。しかしながら、公共的と私的という二分法を通常理解されている仕方で単純に受けとめるのであれば、それは誤りであろう。キリスト教の伝統において、家庭は単なる私的空間、すなわち単なるオイコス（*oikos*）ではない。というのも、家庭とはある程度、歓待という実践を通じて常にコミュニティに対して開かれているからであり（ルカ10・3―11）、また、教会それ自体も、孤立した古い単位としての家族を乗り越える新しい「家族」だからである（マコ3・20―35）。「家庭への手紙」で教皇ヨハネ・パウロ二世が述べているように、家族は教会を通じて、それ以上のものが考えられないより広い「公共的な」空間に対して開かれる。家族は「社会の根本をなす『細胞』」であって、その務めは、家族内での「人と人との交流」を、「愛に基づく文明」の創造へと拡大することにある。教皇は私たちに想起させる。語源的にいうならば、「文明（civilization）」という言

葉は *civis*〔市民〕に由来する。けれども、それが持つ意味を、市民的あるいは政治的なるものとして通常理解される事柄に限定すべきではない。「『文明』という語が有する最も深遠な意味は単に政治的であるだけでなく、むしろ人間が作り出す文化に関連しているのである」(177)。

それゆえ教会は、ポリスでもオイコスでもない現実として存在する。エフェソの信徒への手紙2章19節は、「公共的」な言葉と「私的」な言葉を同時に用いている。「あなたがたは聖人たちが共にいる市民（*sympolitai*）であり、また神の家族（*oikeioi*）の構成員である」(178)。初期の教会は *ekklesia* すなわち「集会」という言葉をギリシアの都市国家から借用した。後者において *ekklesia* とは、既存の都市で市民権を有する人びと全員が作り上げる集会を意味していた。初期のキリスト教徒たちはかくして、ギルドや結社を表す利用可能な言葉（たとえば *koinon* や *collegium*）を用いることを拒み、訴えた。教会は特定の利益をめぐって人が集まったものではなく、あらゆる事柄に関心を抱く。それは全体に関わる集会なのだ、と。しかも、全体とは都市国家でもないし帝国でもない。それは神の民を指す。ゲルハルト・ローフィンクが指摘するように、キリスト教徒が用いる *ekklesia* という言葉の出所はつまるところ、ギリシアの都市国家ではなく、シナイにおけるイスラエルの集会である。申命記では、シナイ山におけるイスラエルの原初の集会が、「集会の日」という平凡なフレーズで表現されながら成立している(179)。*ekklesia* という語を用いるとき、教会は自身を、イスラエル民族の終末論的な集会として理解している。この集会の中では、規定によってポリスの市民であることから除外されオイコスに押し込められた人びとにも——

—すなわち女性や子どもそして奴隷にも——洗礼を通じて完全なメンバーシップが与えられる。

イスラエルの集会が成立可能となるのは、トーラーの定めるところに従って、神のみを礼拝することを目指す特定の細かい実践による。こうした実践が「公共的」なものになるのは、人生のどんな局面もここでの実践と無関係ではないからである。律法も明らかにする。自分の金で、自分の身体で、自分の隣人と共に、そして自分の表情を用いてさえ人が行うことはすべて、人間による神礼拝という範囲の中にある。また、そうした実践はすべて組み合わされて、人びとからなる独特な団体を形成するのである。私が「規律」という語を用いるとき、それは身体が関係するパフォーマンスを示している。サン・ヴィクトルのフーゴーによるならば、「美徳を形成するのは他でもない、身体に課された規律である。身体と精神は一つなのであって、前者が無秩序に動くならば、混乱した魂の内面性を（*intus*）外面的に（*foris*）さらけ出す。しかし反対に、『規律』は身体を通じて魂に働きかけることができる。ちょうど、身なり（*in habitu*）や姿勢や身振り（*in gestu*）、発話（*in locutione*）、そしてテーブルマナー（*in mensa*）がそうであるように」[180]。外面上の振る舞いと内面における宗教的敬虔との間に分裂はない。しかるに、近現代における宗教の形成は宗教それ自体を内面化し、そして宗教を、政治行動や経済実践を動機づけるだけの力にしている。このように、近現代の教会は魂から身体を引き裂いて、身体を国家に手渡すことによって信教の自由を買い取っているのである。

宗教を美徳として捉えるトミズムの理念を復興させることは、国家の課す規律に教会が抵抗しようとするとき、決定的に重要となる。キリスト教徒を神奉仕へと向かわせる実践に際して、美徳は人間性すべてに、すなわち身体と魂に関わる。そのうえ、美徳は共同体において、すなわち教会というコミュニティでなされる「公共的な」実践の中で獲得されるものであるが、このときキリストの体としての教会は、美徳から悪徳を、平和から暴力を識別する能力があることを証しすることになる。それゆえキリスト教的「政治倫理」は、教会でなされる慣習的な実践の中で、宗教や平和を可能にすることといった美徳がどのようにして作られ、どのように再生されるのか——また、どのように損なわれるのか——を説明することと切り離せない。キリスト教徒が公共の場に存在するとしても、それが意味するのは、権力に対する影響力の追求ではあり得ず、むしろ、権力について真実を語ることのできる平和の民を作り出すために、いかなるコミュニティの規律を私たちは必要とするのだろうか、という問いなのである。

美徳は、模範となる有徳者に身を律して倣うことによって獲得される。それゆえ、規律とは、弟子たらんとすること（*discipleship*）として最もよく理解されるだろう。国家の課す規律はリヴァイアサンの弟子を創ろうとし、教会の課す規律は平和の君であるイエス・キリストの弟子を創ろうとする。このため、私たちにとっての規律は、軍事的勝利よりも殉教に似るであろう。オスカル・ロメロは殉教する前に、エルサルバドル軍が殺害命令に従わないよう、自身の権威を用いて命じた(181)。イエスの弟子たらんとするキリスト教徒に課される規律は、軍隊で課されるそれと根本的に緊張関係にある。このことをロメロは理解していた。彼は述べる。「はっきりさせましょう。抑圧と恐怖に基づく偽りの平和や誤った秩序のもとで働けといわれるならば、思い起こさなくてはなりません。神の望んでいるただ一つの秩序とただ一つの平和は、真理と正義に基づいているのです。複数の選択肢を前にして、私たちが採るべきものは明らかです。私たちは神の命令に従うべきで、人間のそれにではありません」(182)。

私が指し示しているのは強制による規律ではなく、その解消法である。それはキリスト教会が行ってきた実践すべてに見出されるものであり、私たちを互いにキリストの平和のうちに結びつける。ここで思い起こしたいのは、ホッブズに見られた、教会を飼い慣らすための二つの手段である。一つは、個々人をお互いに結びつかせる代わりに主権者と結びつかせることだった。もう一つは、教会が有する国際的な性格を否定することだった。これと対照をなす事例が、ラテン・アメリカのいくつかの教会で見られた。そこで私たちに示された、組織化された暴力に対するキリスト教的抵抗の方法は、教会として互いに結びつくことであり、そして、規律化された「キリストの」体として行動してそれを世に証しすることである。ロメロが記しているように、「教会は確かに知っている。教会が真の意味で教会であるときだけ、この国に住む人びとを解放するプロセスに貢献できるものは何であれ独自性を帯びるし有効なものとなるだろう」(183)。ラテン・アメリカにあっては、教会が関わり、かつ社会を根底で支えるコミュニティは、他ならぬ教会として協力し合う。貧しい人びとが飢えに苦しんでいるのを前にして、このコミュニティは、国家に対して影響力を行使するのを待望するのではなく、規律を伴う平和と正義の共同体を具現化してきた(184)。世界を養ってきたのが聖餐の実践であるが、今度はそれが人びとを結びつけて、国民国家の限界を超える一つの身体を出現させる。今日にあっては、エルサルバドルやパナマそしてイラクといった他国に住む兄弟姉妹のうちにキリストを見出すことによって、国家という偶像の破壊と、世におけるキリストの体の可視化が始まる。プライベートな領域か「セクト的な」監禁状態かに引きこもること、さもなくば、国家に監視された公共的討論なるものに応じること。教会の前に置かれた選択肢をこれら二つだけだと考えることは、やめなければならない。キリストの体としての教会は、公共的なるものと私的なるものとを分かつ境界線と、国民国家の境界線を両方とも突破する。そして教会は、通常想定されるのとは異なる政治実践のための空間を創り出すのであるが、ここでいう政治実践は、およそ戦争というものとは無縁のものである。

教会では、典礼の実践、信条、聖典、歓待、つなぐことと解くこと、そして司教権の行使といったことすべてが、独特な公共的団体としての教会を作り上げている(185)。ローマ帝国が公共的であるように教会も公共的だといわれるが、アウグスティヌスはそれを踏み越える。彼は論じる。ローマ帝国は公共的でも何でもない。というのも、そこでなされる実践は神礼拝を志向していないからだ。真の国家（*res publica*）は正義に基礎を置くけれども、正義とは、ささげ物を通じて神に当然帰すべきものを帰すことを含んでいる。そして、神が愛されるときだけ、他者への愛と権利の相互承認は成り立つのだ。かくして、アウグスティヌスによれば、真に公共的な事柄は聖餐によって作り上げられることとなる。というのも、神に対する真のささげ物を提供し、教会をキリストの体にするのは、聖餐だからである(186)。

教会が「公共的」だと呼ばれるとき、それは何を意味するのか。これまでそれを議論してきたわけだが、私たちは次のことにもまた正確でなくてはならない。教会が一つの「空間」だと呼ばれるとき、それは何を意味するのだろうか。考えられる一つの選択肢は、国民国家を二次元的な地図に落とし込み、そこで経度と緯度を示す碁盤目のしかるべきところに、教会の境界線を設定することである。こうした境界線が引かれるのは、国民国家の国境線と重なり合う仕方でか(神政政治)、地理的には国民国家の枠内に位置するもののそれに参加しない孤島のような仕方でか(アーミッシュ)、「市民社会」における一つの空間のような仕方でか、すなわち国民国家の枠内にありながら国家の支配装置の枠外に位置するような仕方でか(マーレー)、このいずれかであった。こうしたモデルが共に前提にしているのは地図、すなわち時間という次元が捨象された抽象的な場所に関わる図である(187)。教会をこうした地図の碁盤目に位置づけることは近現代に特徴的な現象である。ところで、中世の神学にあって現世とは、キリストの最初の到来と次の到来との間に置かれた時を意味していた。そして、この時の間で、世俗の権威者が保持する強制の剣は、教会の指導の下で「一時的に」必要だとされたのである。だからといって、中世キリスト教世界がコンスタンティヌス主義によって整えられたことを支持する必要はない。近現代にあって現世が時間ではなく空間になった事実を、すなわち現世が領域もしくは範囲だとされ教会が支配する霊的領域の外に通常位置づけられるようになった事実を遺憾とするにしても、である。

より生産的な空間概念は、イエズス会士の社会理論家ミシェル・ド＝セルトーの著作に見出される。セルトーは、地図上の「場所（*lieu*）」と「空間（*espace*）」とを対比する。場所とは静的な秩序であって、そこではすべての要素がそれぞれ固有の位置の中で配置されることになる。お互いは無関係で、二つのものが同じ位置を占めることはない。地図は、測定によって作られた抽象的かつ二次元的な碁盤目という手段によって場所を作り出す。そしてそれは、特定の領域において監視とコントロールが存在することを想定している。さて、一五世紀以降、異なる場所ごとに定められた行動（ここで夜を過ごすとか、この神殿で祈るとか）という観点から旅や巡礼を記す順路に対して、地図が徐々に取って代わるようになった。順路が描き出すのは場所ではなく空間である。空間が念頭に置いているのは時間のベクトルであり、そのため異なる空間とは、そこでなされる一群の運動と活動によって創り出されることになる。空間は、異なる目的に応じて異なる仕方で物事を用いつつ、さまざまな場所で活動する人びとによって制作される。セルトーによるなら「空間と場所の関係を変える役割を整理している」のはストーリーである(188)。たとえば歴史書で語られる（マニフェスト・デスティニーなどの）ストーリーや夜のニュース番組で語られるストーリーは、従軍などの特定の行動に人びとを誘う国土の存在を彼ら彼女らに信じさせようとする。他方、アメリカ先住民によって語られるストーリーは、それとはまったく違う仕方で空間を屈折させ、他のタイプの活動に向けて人びとを動かす。神学用語を用いるなら、私たちはセルトーのここでの仕事を、アウグスティヌスがいうところの二つの国の説明だと考えるこことができる。二つの国は領域を示す碁盤目の上に並んで存在するわけではないが、異なる目的をめぐる異なるストーリーによって、また異なる仕方で用いられる物質とその動きによって形成される。

聖餐の典礼は、セルトーが「空間のストーリー」と呼んでいるものとして理解できる。それは物質と場所に基づいて――この場合、神によって、人間の協力を得て――なされる働きであって、異なる種類の空間を作り出す。典礼は「読み取られる」べき象徴ではない。典礼が有する「意味」は、形式的には徴から引き離されており、個々人によって内面化され、教会外の空間に「態度」や「価値」として持ち出されるものである。ちょうど共に飲み食いすることが単に家族を象徴しているだけでなく、家族を構成する助けとなっているように、キリストの体と血を飲み食いすることは参加者を社会的次元が伴う一つの体へと変化させる。そしてこの理由によって、キリスト教徒のコミュニティで課される規律は当初より破門という形式を伴っていた。聖餐台に誰が値し誰が値しないのか。それを規定することは、聖餐台の周りに集められたコミュニティの空間的な制限を規定することなのである。

デヴィッド・シンドラーは、空間をめぐる異なる実践が家族であることを描こうとして、家庭料理を引き合いに出す。シンドラーはいう。家庭料理はそれ自体異なる家政の産物であり、また、食材を変化させ、それを囲む家族の空間と時間を再構成するのだ、と。ところで、このことは個性に富む私的な実践の例にとどまるものではない。どのようにキリスト教徒が自分たちの空間をより広い仲間に向けて拡大するよう召されているのかを、シンドラーは記す。教会に課されているのは世界を「家庭化」することであって、つまり、近現代社会を特徴づける寄る辺なさやアノミーを癒やすことである。そのとき求められるのは、家族の中に存在する――そして三位一体的な生を反映する――「人格を大切にするコミュニティ」の全世界的な拡大である。物質と運動、そして空間と時間を疎かにしない活動を展開することによって、教会はこれを行う(189)。

それゆえ、教会を公共的な空間として語ることは、そもそも空間が構成される仕方を変化させるストーリーを、キリスト教徒たちが演じることを意味する。そして、卓越した「空間に関わるストーリー」とは、聖餐においてキリストの体が作り上げられるストーリーである。たとえばパブリック・アチーブメントに参加しているキリスト教徒の生徒たちが他人を自己利益のレンズを通してではなく、神秘的なキリストの体を構成する仲間として見るように訓育される姿を思い浮かべてもらいたい。そうした生徒たちは、不法就労者の苦境に対して行動を起こす際、「シティズンシップ」によって規定された国境を強化することではなく、むしろこれらの境界線を越え、かつ、キリスト教徒であるか否かを問わず皆が貢献を果たすキリストの体を建て上げようとするはずだ。どうしてそういえないことがあろうか。しかも、このアプローチはボイトが抱いていた関心を共有する。つまり、「公共空間」は一元的だとするイメージを超えて、自由でありながら十分に公共的であり得る空間の多様性を促進しようという関心である。また、このアプローチが主張するのは、キリスト教徒が根本のところで大事にしている確信の、後退などでは断じてなく、むしろいささかも値引くことのない公共的な発信である。そのうえ、教会の国際的な性格は、シティズンシップの国境線越えを阻もうとする国民国家が帯びているセクト的な偏狭さを問い質す。

教会を「自由な空間」として真摯に受けとめることは、キリスト教徒たちの尻をたたいて公共的なるものをどこかに探し求めさせる以上のことを意味している。ボイトのおかげで私たちが得た示唆は、絞り込まれた焦点によって私たちの想像力が制限されてきた、ということであり、その焦点は、国家が監督する単一の公共的な議論の場に向けられていたのである。たとえば、キリスト教徒たちがモノの創造や使用という問題に取り組む際、それを私たちは「経済政策」という観点から考えるよう教育されてきた。ここでいう「経済政策」によって意味されているのは、市民社会や国家の中でなされるやり取りであって、そこでは、銀行、連邦準備銀行、企業、労働組合、連邦議会そして他の関係者の間で、金の動きや租税そして関税などを国家がどう管理すべきか、管理すべきでないかが語られる。こうした枠組の中で論点が設定されると、問題に対する責任ある対応はただ一つ、ロビー活動ということになろう。もちろん、ある状況の下ではロビー活動は——より好ましいのは「署名活動」だが——有用であろう。しかしながら、教会の外部にいる人びととの対話を最も実りあるものとするのは、誰もが理解できて一見したところ「中立的」な言語に訳す必要のない、具体的な実践を通じて対話することである。そのとき期待される重要な応答は、モノをめぐるもう一つのストーリーが述べられ、もう一つの経済のあり方が可能になる空間の創出となろう。たとえば、私の住む地区にある教会はＣＳＡ（community supported agriculture; 地域支援型農業）農場との関係をすでに確立し始めている。ＣＳＡでは、一定の農産物購入を整地の時点で取り決め合った人びとの間でコミュニティが形成される。こうして、農業に含まれるリスクを分担するわけである。コミュニティは農場での作業を手伝うよう招かれ、そこでの産物が生み出した利益を受け取る。ここでは、重要で物質面にも配慮した仕方で、グローバリゼーションをめぐる想像力は、もう一つの経済空間に直面させられ、それによって取って代わられることになる。そしてその空間で高い優先順位が与えられるのは、人と人のふれ合い、コミュニティが負う責任、農民たちが暮らしていけるだけの収入、および食物を生み出す土地に対する直接的なスチュワードシップである。

私が検討してきた市民社会の諸モデルにはアイロニーが潜在していた。それは、社会正義を行おうとしたり神学を公共的にしようとしたりする試みを重ねる中で、私たちは実は教会を公共的な資格を欠くものにしてしまっている、ということである。公共神学ははっきりいって十分に公共的でない。私たちが見失っているのは、国家と個人を扱う退屈な算術を根本的かつ重要な仕方で問い質す可能性なのであって、それは、真に自由なもう一つの空間を、すなわち神の国を、現世で創ることによって果たされるのである。

3 グローバリゼーションの神話——それは公同的か

グローバリゼーションと呼ばれる現象を扱うキリスト教社会思想は、大きな混乱をきたしている。多くの人は教会と政治について、あたかも何も生じなかったかのように書き続けている。彼ら彼女らが心奪われている問題は、「公共的領域」に教会は足を踏み入れるべきなのか、それはどのようにしてかである。しかも、この「公共的領域」は国民によって成り立つ想像上のもので、さまざまな衝突が解消される空間だとされている。グローバリゼーションという問題をあてがわれているのは、いわゆる「経済倫理」を扱う人びとである。そうした人びととは、時給三三セントをエルサルバドルの織物工場労働者に支払う多国籍企業を非難するか、マイケル・ノヴァックのように(190)、「実り多き実践が作り上げる慈善サークルの中に、いま排除されている人びと」を取り込もうとする資本主義の公同性を讃えるかする。国民国家そのものに批判的であり続けた私たちもまた多くは混乱している。グローバル経済が国境を徐々に無意味にしてきたことを、私たちは喜んでいるし、少なくとも喜びに類した思いを抱いている。そう考えている人もいるかもしれない。アフリカに住む人とニューヨーカーとはインターネット上で交わるし、世界はマウスを一回クリックすればアクセスできるだけの大きさに縮小した。もともとのカトリカが夢にも見なかった公同性がいま始まりつつあるのである。より強い普遍性が見込めるのに、私たちは、アウグスティヌス描くところのドナトゥス主義者よろしく、沼地に座って「俺たちだけが公同性を担っているのだ」(191)とカエルの合唱をしているべきなのだろうか(192)。そもそも、私たちが目にしているのは普遍性なのだろうか。逆にマッキンタイアとリオタールは、後期資本主義の様相を特徴づけるに際して、分裂のイメージに訴えかけている。真の公同性が有する可能性は勝ち誇るグローバル資本によって打ち負かされてしまったのだろうか。

私の信じるところでは、グローバリゼーションをめぐるキリスト教徒の混乱はたいてい、聖餐を空間と時間に関わる真に公同的な実践の源泉として考えなくなったことに起因している。グローバリゼーションが意味するのは、空間と時間に関わる規律のある種の位置関係である。だから、グローバリゼーションによる位置関係が前提している地理学に対して、私は別の地理学を併記してみたい。それは、聖餐とそれが生み出す公同性を前提した地理学である。本章の前半で私は次のことを論じよう。グローバリゼーションとは、単なる分裂によっては適切に特徴づけられない。それは空間を普遍的な地図の上に反映させようとするが、このとき顕著になるのは個別の地域に対する無関心である。けれどもこれでは、二つの理由によって公同性を名乗れない。第一に、特殊なものに対するここでの無関心は実質的に富める者と貧しい者との分裂を再生産する規律として用いられているから。第二に、無関心が作り出すバラバラの主体が集まっても、彼ら彼女らは、空間と時間に関わる公同的な想像力に寄与することができないから。グローバリズムは支配的な物語になってはいるが、それを消費することで皮肉にも、公同的なストーリーを純粋に述べることのできないバラバラの主体が生み出されることになるのである。そこで、本章の後半で私は次のことを論じよう。聖餐は公同性を作り出すけれども、それは地域的なものから切り離されていないだけでなく、それぞれの地域で具現化したキリストの体の中で普遍的なカトリカを含んでいる。キリストの体は地域地域における聖餐共同体の中でだけ具現化する。けれどもキリストの体の中で、空間と時間の隔たりは解消されるのである。キリストの体は多数の個性が織りなす空間なのであって、その中にあって地域に献身することは、グローバリゼーションに直面した全体主義者がゲマインシャフト〔有機的な共同体〕を夢見ることとは異なる。聖餐における飲食は、神の国を目指す巡礼の物語に人を招き入れる。そして、神の国とは、グローバルなレベルを超えた時間と場所をすべて包含するのである。

1　普遍的なるものの優位

一九九二年、〔選挙期間に大統領候補者〕ロス・ペローが耳にした「巨大な吸引音（giant sucking sound）」は、NAFTAの結果「アメリカ人の」仕事がメキシコに飲み干される音であった(193)。さて、NAFTAに反対するペローやパット・ブキャナンたちはナショナリズムを伴う特殊性を強調するわけだが、このことにアレルギー反応を起こす人にとっては、「ヤツが反対なら、オレは賛成」とするのが自然なリアクションであろう。しかしながら、私がここで提示したいのは次のことである。つまり、グローバリゼーションは国民国家消滅の前兆ではなく、実は、普遍的なるものの下に地方的なるものを国民国家が組み込もうとする試みの極大化なのである。

近代国家の興隆は、地方的なるものに対する普遍的なるものの勝利が主権国家内において生じたことによって特徴づけられる。その際主権国家は権力を教会、貴族、ギルド、大家族そして都市から強奪した(194)。法と権利が人びとに等しく適用されるようになったことで、個々人はなるほど一貫性のない地方的慣習から解き放たれた。けれどもそのことで、主権と個々人とは直接的に関係づけられて、「シンプルな空間」も生じた。この言葉を用いてジョン・ミルバンクが述べているように、シンプルな空間は、中世社会に存在したような忠誠心と権威とが重層的になっている複雑な空間とは対照をなす(195)。そもそも権利は個々人にだけ関係するものではなかった。地方にある諸集団もそれぞれ、中央の主権から認められたわけではない権利や自由を有していたのである。これらの諸集団は権利と義務において重なり合っていた。そして、集団から生じる権利と義務に関して個々人はお互い責任を負っていたし、また個々人は、自分たちが属するのではない他の団体にも責任を負っていた。要するに、目の前にいる他者と地方にある集団の両方ともが人びとにとっての全体であったし、一人ひとりもまた、より大きな全体の部分を作り上げていた。いまや古典となった、中世法に関するオットー・ギールケの著作は、空間に関わる重層的な観念が、キリストの体をめぐるパウロの神学にどれほど深く基づいていたかを示している(196)。

空間をめぐる位置関係は近代と共に一新された。そのことを明らかにするのには、ミシェル・ド＝セルトーによる「順路」と「地図」との区別が役立つ。近代以前にあって空間を表すことは、「空間のストーリー」を語る順路をはっきりさせることであった。この「ストーリー」は、たとえば巡礼ルートの解説が代表的なものだが、それによって、どこで祈るべきか、どこで一夜を過ごすべきか等々の指示がなされる。大事なのはこうした指示の概観ではなく、むしろ、巡礼者一人ひとりが、要求されている動きや実践を果たしながら特定の空間を移動し、時空を経ながら物語をなぞることである。たとえば、トトミフアカス族（Totomihuacas）の大移動を描いた一五世紀アステカの絵画は、つまるところ、彼ら彼女らの旅行記録となっている。すなわち、この部族の歩みが、渡河や食事そして戦闘といった、旅の中で次々に生じた出来事の絵でもって描かれているわけである(197)。これに対して近代は、碁盤目で空間を示す地図化を生み出した。それは「形式的な全体の中に場所を落とし込むこと」であって、このとき場所からは順路に関わるものが消し去られてしまった。地図は「全体を包み込む舞台」として定義される。「そこでは、さまざまな起源に由来する諸要素が一まとめにされて、地理学の観点から『国家』の図像が形成される」(198)。こうした地図において空間それ自体は、均質なものとして説明され、固有性を同じくする単位ごとに区分される。地図上では個々の事項は、それぞれ固有の場所を占めることになるが、それはちょうど物が隣り合って置かれ、同一の空間を二つの物が占めることがあり得ないのと同じである。地図を使用する人の視点は超然としており普遍性を帯びていて、そこからすれば空間はすべて一望できることになる(199)。セルトーが描く地図化は、近現代国家が興隆したことの典型的な帰結である。というのも、近現代の国家を成り立たせているのは、一定の領域を主権という中心から一望して、個々の特殊な空間を互いに均等に関係づける能力だからである。

複雑だった社会的空間を近現代の国家は平準化した。ところでこのことは、地方にあった諸集団が国家の興隆と共に消えたことを意味するだけではない。むしろ、地方に存在してきた社会集団は、国家と個人を橋渡しする「中間団体」として再編成され、こうしてでき上がった諸制度は、国家が試みたいことを人びとに媒介する重要な役割を演じてきたのである。普遍的なるものは地方的なるものによって媒介される。市民社会に存在する諸制度は、ヘーゲルが考えたように教育の機能を果たすか、もしくは、後にフーコーが述べるように規律化を担う。政党、労組、教会、家族、監獄、病院そして学校。これらは、国家が試みたいことを具体化し、また作り出す。そうした近現代の諸制度は空間の合理的な地図化に基づいているが、そのことは、フーコーが指摘した有名なパノプティコンの、すなわち中央監視塔の周りに配置された収監空間のイメージによってうまく表現される。つまり、収監空間は同質かつ一律なものとされ、個々の牢は中央監視塔と直接関係づけられる。しかもその中央監視塔はすべてを見渡せるが、牢からは見ることができない。いつ見られているかを知るすべはないので、ひとりひとりの囚人は自己規律を身につけるようになる(200)。

グローバリゼーション以前の経済学では、地方的なるものは普遍的なるものの下位に組み込まれている。けれども地方への愛着は、人びとを普遍的なるものに媒介するに際して、重要な役割を依然として果たす。第一次世界大戦から一九七〇年代前半まで支配的だったフォード方式を重んじる経済モデルは、国民、企業、家族、共同体そして労組に対する強い愛着を土台にしていた。経済史家は、ヘンリー・フォードによる生産と消費の二重理論に言及しながら、この時代を特徴づける。(一)巨大工場の中での流れ作業生産を通じて、労働を集中させ規律化する、(二)大量消費を優先する立場から、労組、家族、地域社会を協働させる(ここで想定されているのは、自分たちが生み出したものを購入できるし購入しようとする労働者に大量生産は依拠している、ということである)。国家は単に市民社会を打ち負かしただけではない。むしろ国家とは、新たなコンセンサスを調達しつつ、市民社会を構成する諸制度の中で何度も作られる、拡散された権力関係の複合体だったのである(201)。

しかしながら、いま姿を現しつつあるポスト・フォード方式のグローバル経済は、普遍的なるものの下に地方の社会集団が組み込まれる事態を思い描いたフーコーを越え、個別の空間に対する無関心を生むに至っている。フーコーの理論は、国家と市民社会に存在する諸制度の明確な説明にいまだ依拠してはいる。しかし、こうした諸制度はいたるところで危機の中にある(202)。政府は超国家的な経済に対するコントロールを譲り渡すか失うかしてきた。規制緩和とコンピュータによる送金を通じて、カネは実質的に国家とは無関係になった。工場と工業都市に見られた規律化のメカニズムはもはや、余剰労働を引き出すのに必要とはされない。それは、パートタイムの労働、自宅での労働、さまざまな種類の非合法労働そしてグローバルな規模での「アウトソーシング」に取って代わられた。アジアに展開するナイキ社が典型例となるが、多国籍企業傘下の下請け会社は、直接的な労務管理や労働の規律化をもはや求められてもいないし行うこともない。企業買収によって問題は解決されるからである。労働は目につかなくなり、生産のもととなるものは常に場所を移し替えている。結果として、労組はその力の大半を失ってしまった。地理的な安定性が失われるのに伴って、家族と教会そして地域コミュニティもまた、グローバルな単一文化と「ヴァーチャルな共同体」に取って代わられた。要するに、

「新しい秩序は、労働者、生産物、企業の構造、ビジネス、工場、コミュニティそして国民

さえも気に留めようとはしない」とニューヨーク・タイムズは報じる。ガルフ＝アンド＝ウェスタン社の会長であるマーティン・S・デイヴィスは断じる、「新しいルールの下では、そうしたものへの忠誠心はすべて使い捨てなんです。尊いものであっても、それに感情的になって固執してはいけません。」(203)

しばしば述べられてきたように、国民国家それ自体は、グローバルな資本の自由な流出を前にして明らかに崩壊しつつある。ポスト・フォード方式のもとで多国籍企業が示す特定の地域に固執しない姿勢は、ビジネスを誘致するための競争を国家間と地方間で引き起こすが、そのとき、賃金と労働環境そして環境基準に対する国家や地方の自律的な規制は犠牲にされる。GATTのウルグアイ・ラウンドという縛りの下で、国民国家は、貿易に関わる主権をWTOに明け渡した。この機関には、加盟国の中で制定されたどの法が自由貿易の障壁になっているかを判断する権限が認められている。農薬の使用や森林伐採そして食肉に含まれるホルモンを管理する国家の法や地方の法は、WTOが廃止を求めるなら、その決定に服さなくてはならないし、不服申し立ては認められていない(204)。

しかし、グローバリゼーションに反対する動きを和らげる重要な要因として、そしてそれを受け入れることが自然かつ不可避だと悟らせる重要な要因として、国民国家は存続している。商務省や米国国際開発庁は何億ドルも用いて、アメリカのビジネスが仕事を海外に移すよう奨励している(205)。だがその間にも、NAFTAをめぐる連邦議会での討論は、社会階層ごとの利害という問題をナショナリズムによって無視する仕方で進められた。すなわち、討論で用いられる言葉は次のようになったのである。「アメリカにとってNAFTAは良いのか悪いのか」。このとき考察の外に置かれていたのは、北米大陸にある国家間に最後まで残っていた貿易障壁をなくす合意が、あるアメリカ人（もしくはメキシコ人）にとっては――すなわち株主や購買力を有する消費者にとっては――良いものとなろうが、あるアメリカ人にとっては――すなわち労働者にとっては――悪いものとなろう、という問題である。

GATTとNAFTAが端的に示しているのは、国民国家が自ら進んで主権を放棄する事態である。けれども、この国民国家の明らかな自己放棄は、次のことを覚えておかないと理解できない。すなわち、ここでの変化は、国家を持続させようとする試みの終わりを意味するのではなく、むしろ、空間を越境する国家のあり方が一般化していることを意味するのである。もし、国家を持続させようとする試みが、普遍的なるものの中への地方的なるものの包摂によって特徴づけられるのであれば、グローバリゼーションはこの試みをこの上なく拡張している。国民国家は、地方の慣習の「干渉」から市場を解放したし、また、画一化された法と通貨システムに基づいて他の人びとと結びつくことができるように個人を解放した(206)。ちょうどそのように、グローバリゼーションは国民国家から商業を解放したが、結論から述べると、国民国家はいまや、より発展したローカル化の事例だと見なされているのであって、それによって世界への資本の流出は遅らされているのである。

徹底的な時間の管理ができれば、いかなる空間もグローバルな水準にまで地図化することが可能になる。空間を横断する情報と人間のスピードは、空間の壁を克服し、世界の大きさを縮小させた。「地球村」という比喩が公同的な感情を引き出すべくしばしば用いられてきたが、それは世界にあって、互いに交わり、何世紀にも渡って流血沙汰を招いてきた民族や種族そして伝統の壁を壊そうとする人びとを念頭に置いたものである。グローバルな地図化によって、地球に住むすべての人びとは、同じ空間と時間に生きる同時代人になったかのようである。実際、企業文化は普遍的な性格を帯びて、全世界的に、地方の文化の中に日ごとに浸透している。パラシュートで降下した先がショッピングモールだったとしよう。そのとき人は、そこがケンブリッジなのかフォートワースなのか、メンフィスなのかメディスンハットなのか、ダルエスサラームなのかミンスクなのか、判断するための調査が必要となろう。

普遍的なるものが席巻している例——ジョージ・リッツァの研究のタイトルを引用するなら「社会のマクドナルド化」(207)——はあまりにも多く、あらためて説明するまでもない。けれども、企業で用いられる言葉でいえば、そこで思い描かれていることはしばしば、分裂を克服して平和を作り出す公同的な慈善事業なのである。ナビスコの社長がいうには、ユートピアとは、「一律な消費が実現する一つの世界のことです。……私が待望しているのは、アラブ人とアメリカ人、ラテン＝アメリカ人とスカンジナビア人が、コカコーラを飲んでコルゲート社の歯磨き粉を用いるのに御執心であるように、リッツのクラッカーをやみつきになって頬張ることなんです」(208)。しかしながら、次節で示唆するように、普遍的なるものの勝利とは、単なる空間上の障壁の克服ではない。事実、一律かつ公同的なものとして空間を地図化し、空間上の分裂を克服しようとする試みはしばしば、それ自身が新しい型の分裂を作り出しつつあることから、人びとの注意をそらす企みとなっているのである。

2 無関心という規律

ポスト・フォード方式の経済は、地理的な問題に柔軟に対処することと、フォード方式に基づく空間の分割を乗り越えようとすることによって特徴づけられる。それにもかかわらず、このように一見したところ現場が分割され非空間化されることの背後には、必ず空間を支配する異なる規律がいくつか隠されているものであり、それは「分散を通じてますます強固に組織化されている」(209)。工場を閉鎖して、賃金や他の労務基準が低くて済むどこかに事業を移す力を企業が有しているならば、ある場所で働く労働者たちは一層、経営者の要求に対していいなりになるであろう。空間を支配することは特定の地域から切り離されて考えられるようになり、どの空間であれば利益が得られるかを抽象的かつ普遍的に論じる可能性の問題となる。空間の支配は、ますます直接的な管理監督ではなく情報に基づくようになっているが、その情報とは、世界大で企業に移動を促す正確かつ最新の労働市場と交換レートの地図をめぐるものである(210)。いまやパノプティコンは、工場に代表される特定の場所で、その空間にふさわしく振る舞う規律を表現しているだけではない。それが表現するのは、地球地図全体に対する監視なのである。

ジル・ドゥルーズの「逃走線（line of flight）」という概念はしばしば、過度に分割され規律化された空間のあり方に対する抵抗を思い描いたものとして引き合いに出される。ひとは領土化から、すなわち空間に対する監視や支配から逃れるべく「ノマド的空間」を創造する。だがここでアイロニーが生じる。グローバル化した経済のもとでは、特定の地域に対する直接の規律は、純粋な流動性を志向する規律に、すなわち逃避する能力に取って代わられたのである。多国籍企業は地図上にある他の土地へ逃走するが、そのことは地図化それ自体に基礎づけられており、労働者に対するコントロールを増やすことにのみ貢献する。ドゥルーズとガタリは逃走が不可避的に再領土化を引き起こすことをよく知っている。それゆえ彼らはレトリカルに問う。「さまざまな逃走線でさえも、それがまちまちの方向を向いているせいで、それが解体し転回させることを役割としていた組織体を複製することになるのではないか？」(211)。しかしながら、ポスト・フォード方式の経済にあっては、こうした組織体の複製は、その方向性が定まっていないわけではない。逃走の地点は必ずやこうした組織体を複製するに違いないからである。特定の空間を抑圧的に地図化することと、この地図化に対してノマド的に抵抗することとの分裂を、グローバリゼーションは複雑にしてきた。グローバリゼーションの中で逃走は、地図化がいたるところでなされたたまさにそのことによって促進されている。けれども、当の逃走が、空間の分割を再生産しているのである。

平和裡になされる逃走どころではない。二〇世紀の終わりになると「地球村」において空間が圧縮されたことにより、不安定さと衝突が、悪化しただけでなく次々と生み出されるようになった。というのも、グローバル規模での地図化はさまざまな地方を、相互の競争に引き入れるからである(212)。取り返しがつかなくなるほど極端な競争を、グローバリゼーションは国民国家間に引き起こす。というのも、皮肉なことに自由貿易は、特定の国家に資する競争を前提にした発展戦略として提唱されているからである。資本は空間の壁を越えることを通じて、些細な空間上の違いさえも地図化できるし利用することもできる。だがそのとき、万人の万人に対する戦争は口火を切られているのだ(213)。

確かに、競争は地方的なるものに対する愛着を生み出す。というのも、資本を呼び寄せるべく、さまざまな場所が、自分たちのロケーションが独特で利益を生み出しやすいことを強調するに違いないからである（当地では低賃金が認められています。労組は弱いです。資源とインフラは良質です。規制は緩和されています。経営にとって魅力的な環境が整っています、等々）。しかし、同時に指摘しなくてはならない。逆説的ではあるが、競争は地方的なるものに対する無関心も増長する。というのも、資本をめぐって地方同士が競争するにつれて、それぞれに存在していたとされる独自性はますます発展をもたらすように作り替えられるからである。しかもそこにはモデルがあって、それは、すでに成功を収めた地方なのである。ここでの逆説を、ハーヴェイは次のように語る。「空間を仕切る壁が重要でなくなるのに応じて、多様な場所を押さえておきたいと資本はますます過敏になる。そしてそれに伴って、資本を招きやすくなるような仕方で差別化を図ろうとする地域の動機も強められる」(214)。

それゆえ、特殊性が持続的でなくなっていることは、支配的になった普遍性の裏返しにすぎない。ミネソタのようなところでメキシコ料理が人気になっている。けれども、そこでだれもが思い浮かべるのはファストフード・チェーンのタコベルで出されるものであって、この店は辛いソースを用いはするが、それをミネソタの住民ならばケチャップと取り違えるであろう。それにもかかわらず、食べ物が普遍化され、癖のない味になって可能な限り誰の口にも合うようにならなければならないのと同じように、ミネソタでメキシコ料理が生き残るためには、そのユニークな特徴を強調する必要もまたある。広告で用いられるイメージは特定の場所に根づいていなくてはならない。たとえば、粘土オーブンの前に座ったアブエリータ〔おばあちゃん〕が体現する伝統的なメキシコ文化がそうであって、彼女はプルケ〔伝統的な醸造酒〕をちびちび呑んで、手のひらでトルティーヤを作るのだ。これに対して、タコベルのカウンターに立つ客は、愛想のないティーンエイジャーの白人店員が銃のような道具でブリトーにサワークリームを流し込むのを見ることになる。客はこの光景が滑稽であることを覚える。けれどもそれは、タコベルがメキシコの現実に一致していないからではなく、アブエリータそれ自体が作られたイメージだからである。今日、メキシコの女性はおそらく吹き替え版のテレビドラマ「ダイナスティ」の再放送を見ながら、缶入りダイエット・コークでトルティーヤを胃袋に流し込むのであろう。ある場所が「より本物っぽい〔muy auténtico〕」と主張すればするほど、そこは模造品であることが、すなわちオリジナルなものが存在しない複製の複製であることが、さらけ出されるのである(215)。

グローバリゼーションによって地図化が進むと多様性という幻想を生み出すが、それは、世界に存在するさまざまな伝統や文化の産物をすべて、市場に存在する一つの場所と一つの時間に並存させることによる。メキシコ料理とツナ・ホットディッシュ、そしてマンゴーとマヨネーズ。これらが一度に消費者の目の前に置かれる。カネを持っている消費者のために、世界中のすべての人びとは同じ空間と時間を占めている同時代人なのだ、という幻想が作られる。重要なのは、他者が「自分とは違っている（different）」ということである。けれども、ケネス・スリンがいうように、同じくらい重要なのは、他者が「自分とは別だよね（merely different）」ということである(216)。表面的な違いという幻想が作られることによって、私たちは、純粋に他なるものとの関わりを妨げられている。相互に得となる世界貿易があるのだから僕の消費は君の福利に貢献するはずだ。僕が食べると君のおなかが満たされる。自惚れが高じるとそんなことが語られるようになる(217)。他者が担っている特殊性を消費の対象にすることによって、私たちは、見せかけの公同性の中に他者を吸収してしまう。そして、そのことによって隠蔽されるのは、真冬にマンゴーを味わうミネソタに住む人びとと、マンゴーを収穫することで時給四〇セントを稼ぐブラジルに住むインディオとの間で保たれ続ける、空間の厳格な分割なのである。

グローバリゼーションは伝統的な地方文化を売りに出すけれども、地方文化の空間で生きる人びとはしばしば、コカコーラとコルゲートが体現する普遍的な文化に直面して、自分たちに固有の文化を失ってしまう。歴史を持続させることは、過去からの蓄積が揺さぶられる中では難しい。地方に対する愛着を失わせるのは刹那的な欲望に由来する遠心力だが、それは、成長を求めてやまないグローバル資本主義によってますます強くなっている。また、ポスト・フォード方式の経済は転職率を常に高めようとしてきたが、それは何よりも、瞬時に変化する流行に病みつきになっている市場の発展によって、また、経済の力点がモノから「賞味期限」がずっと短いサービスに移ったことによって、可能になっていた。短期の計画立案は、アメリカの風土病である。モノだけでなく人と人との関係性やある事柄に対する愛着も、ここでは使い捨てであり、このことが、ニューエコノミーが想定する消費の顕著な特徴になっている(218)。その結果として生じたのは、ごくわずかのブランドが市場を独占することだけではない。需要の掘り起こしは、エキゾチックで特殊な産品(たとえば飼い犬用のボトル入りウォーターや、動物の糞から採られたグルメ向けスマトラ産コーヒー豆(219))の増加を強いる。地方的で特殊なものは、その目新しさゆえに有り難がられている。しかしながら、理想的な消費者というものは特殊なものに無関心である。目新しさはすり減るものだし、特殊性も交換可能となる。欲望されるのは欲望それ自体である。グローバル経済は、欲望それ自体を目的化した欲望の生産によって、あるいはフレドリック・ジェイムソンがいうように、「過程にすぎない商品化をやみくもに消費すること」(220)によって特徴づけられる。

経済のあり方がこうなると、イメージというものはそれ自体で商品となり、まさにその耐用年数の短さゆえに商品として評価されるようになる。イメージは回転率の高さに適っているだけでなく、モノには不可能な仕方で空間の壁を軽々と越えもする。こうしたイメージは深みを欠くが、それは模造の論理に従っているからである。交換価値の論理は使用価値の記憶をほぼ一掃してしまった(221)。

結果として、主体なるものはラディカルに分散してしまい、支離滅裂で相互に関係のないイメージの海の中で漂流する。もしもアイデンティティというものが、過去と現在と未来とを一貫性のあるひと続きの物語の中に統合することで築き上げられるのであれば、イメージの耐用年数の短さと急激な変化は、アイデンティティ形成を可能にするものを破壊していることになる。後期資本主義が想定する主体は、ラカンが用いた言葉でいうと「スキゾフレニック〔schizophrenic: 統合失調症的〕」になるし、彼ないし彼女は「時間に関係づけられない、一連の純粋な現在」(222)だけを経験する。ところで、主体性をめぐるここでの構築ないし脱構築については、純粋にヘテロ性〔異質性〕が重んじられているとか、特殊的なるものの勝利だとか、誤って記述されている。誤っているというのは、主体として生み出されているのはナビスコ社の重役が想定する画一的な消費者であって、彼ないし彼女の「公同的」嗜好はその人が特定の物語に愛着を覚えるのを妨げているからである。ここで述べてきたことは断じて、リオタールがかつて語った「大きな物語の終わり」ではない。むしろ、ここに見られるのは新しい公同性であり、ジェイムソンを引用するならば、それは「物語の終わりという物語として、物語が復活すること」(223)なのである。

3 聖餅の世界

いま支配的な物語に対抗できるそれを、聖餐はグローバル規模で提供しているだろうか。確かに聖餐にはそれができるし、世界中どこでも神の名の栄光に資する物語を完全に提供するであろう。トマス・アクィナスは最も広い意味で教会の公同性を定義したが、それは、人びとの間にある自然で社会的な区別だけでなく、空間と時間に関わる境界線をすべて超越するものとなっている。

教会は公同的である。すなわち、第一に場所に関していうならば、ドナトゥス主義者たちの主張とは反対に、それは世界のどこにでも存在するからである。……その上、この教会は三つの部分から成り立っている。つまり、一つは地上に、もう一つは天に、そして三番目のものは煉獄に存在する部分である。第二に、人間の立場に関して、教会は普遍的である。なぜなら、主人であろうと奴隷であろうと、男であろうと女であろうと、誰ひとり拒まれる者はいないからである。……第三に、教会は時に関しても普遍的である。……なぜなら、教会はアベルの時に始まり、世の終わりまで続くからである(224)。

しかしながら、聖餐によって作られる真の公同性は、グローバルに空間を地図化することとは関係しない。コンスタンティヌスの戦車に乗って地の果てまで行った教会が公同的だったのと同じく、カタコンベに集められた教会も公同的であった(225)。本章の後半で私は、聖餐が普遍と地域の二分法を克服することを論じようと思う。聖餐という活動は、やみくもに動くことによってではなく、地域の集会に集まることによって空間の区分を壊す。けれども、カトリカとは場所に関わるストーリーではなく、全世界の始まりと運命が関係する「空間をめぐるストーリー」、すなわち聖餐において生じるストーリーなのである。

ギリシア語の形容詞 *katholikos* ――それは「全体として」を意味する *kath'holou* に由来する――は古代にあって、「普遍的な」もしくは「一般的な」と同義で普通に用いられていた。だが、最初期の教父たちがこの語を教会に適用したとき、そこでの意味は一つではなくなった。「公同的」という言葉で、ある者たちは「普遍的」「全体的」を含意させたが、他の者たちは「本物の」という意味を持たせた。四世紀半ばまでに、この言葉はより厳密な意味を帯びるようになり、全体としての教会を反体制的かつ異端的なキリスト教徒の集団から区別するものとなった(226)。今日、私たちは普遍的と同義のものとして「公同的」という英単語を用い続けている。けれども、アンリ・ド＝リュバクが指摘しているように、同じ意味を持つと思われているこれらの言葉には違いがある。「普遍的」が拡散している様子を指し示すのに対して、「公同的」は共に集まっている様子を指し示す。現代の英語では「普遍的」とは、あらゆるところに行き渡っている現実を示している。だがド＝リュバクによると、「『公同的』という語は、それ以上の、別なことを述べようとしている。『公同的』という語が指し示すのは、有機的な全体、結合、確たる総合、そしてひとつの現実という観念である。最後に挙げた現実とは、分散された状態にあるのではなく、むしろ逆に、範囲の広がりや内部の多様性がどうであれ、そこでの統合を担保する中心点に向かおうとする現実である」(227)。

真のカトリカが向かおうとしている中心点は、ド＝リュバクの有名な成句でいえば、教会を作り上げる聖餐である。しかし聖餐は脱中心的な中心である。聖餐は、全世界に散らばった多数の地域教会の中で、きわめて多様性に富む儀式や音楽、そして典礼空間を伴って祝われる。公同的な教会における特殊と普遍の相関関係を複雑にしているのは、他でもないこの事実である。ハンス＝ウルス・フォン＝バルタザールが主張するように、「カトリカは事実、その中心点が（聖餐が祝われるところならば）どこにでもある、ひとつの場所である。そして（構造上）カトリカは理論的にはどこにでも存在しうる。地理的には、カトリカの外周は『地の果て』（使1・8）にまで及んでいるが、その外周は、いかなる場合でも中心点からは決して遠くはない」(228)。けれども、バルタザールが続けていうように、カトリカは通常、キリスト教世界の形態をとらない。つまり、力によって防衛可能な境界線を伴う固定した場所ではない。そうではなく、それは離散の民なのだ。確かに、地の果てまで福音を伝えよとの宣教命令に照らし合わせても、教会は公同的である。けれども、公同性は空間の拡張に依拠しているわけではない。

それにもかかわらず、地域の教会で分散されて祝われる聖餐は、一つに集められる。この原則は初代教会の時代以来、地域における聖餐共同体の指導者である司教が、他の司教の叙階に際して、少なくとも二名居合わせることで表現された(229)。古代ローマの典礼を紐解くと、教皇が執り行うミサに際しては、一片の聖餅〔ホスチア〕が次のミサのために取って置かれた。しかるに、他の小片は、さまざまな地域でなされるミサを祝う司祭に送られた(230)。こうした慣習からいえるのは、キリストの体は分割されない、ということである。というのも、キリストの体全体は聖餅の小片それぞれに臨在しているからである。聖餅の中に世界あり。

典礼活動が同じであることによって、キリストの体の一部ではなく全部が、地域ごとの聖餐共同体に臨在していることになる。ローマの信徒への手紙16章23節でパウロは地域の共同体を*hole he ekklesia*、すなわち全教会と呼んでいる。事実、最初の三世紀、「カトリック教会」という語は通常、聖餐を囲んで集合した地域の教会を示すために用いられている(231)。個々の地域にある教会は、より大きな全体を統治の観点から区切ったものではなく、全体が集中したものである。カトリック教会全体は地域の教会の中で質的に存在する。なぜなら、キリストの体すべてがそこに存在しているからである(232)。それゆえ、カトリック的な空間とは、個々人を直接的に全体に統合する単一かつ普遍的な空間ではない。というのも、聖餐は空間を興味深いものにするからである。聖餐に際して、人はますます全体と統合されるようになるが、そのとき人はますます地方的なるものに強く結びつくようになる。真の地球村とは単に大きな村であるだけでなく、むしろ「二人または三人が私の名によって集まるところ」(マタ18・20)なのである。

それゆえ、空間と時間の壁を超越することはグローバルな地図化にではなく、むしろ世界を地域ごとの集会へと砕くことに基づく。心に留めるべきは、初期の教会において聖餐を祝う集会は個々の都市にただ一つしかなかったということだ。つまり聖餐は、特定の場所に生きる教会員を、年齢や人種、性別や言語や社会階層に関わりなく、すべて一つにまとめていたのである。イオアンニス・ジジウラスが記しているように、連帯と愛のうちに集まることは、キリスト教徒の発明ではない。古代ローマにあった同業者仲間(*collegia*)のメンバーは互いに兄弟と呼び合い、しばしば財産を共有した。これに対し、キリスト教の聖餐共同体が特異なのは、それが、自然や社会に由来する区別を超越する仕方にある。キリストにあっては、ユダヤ人もギリシア人も、奴隷も自由人も、男も女もない(ガラ3・28)(233)。この注目すべき空間の壁の打破は、地域に根ざす共同体を真に公同的なものとする。

4　空間のストーリーとしての聖餐

私はこれまで、聖餐がどのように普遍と地域の二分法を打ち壊すのかを示そうとしてきた。けれども、ここで疑念が生じるかもしれない。グローバリゼーションに対する解毒剤としての聖餐とは要するに、特定の場所における神政政治ないしはセクト活動への退却ではないのか。確かに聖餐は——キリストの体を祭る中世の儀式にいくつか見られたように——ある地域内で固定化した社会の階層秩序を強化するのに用いることができる。また、その地域から他者を、とりわけユダヤ人たちを排除するのに用いることができる(234)。地方的なるものを特権化しようとするキリスト教徒の試みは結局、ファシストの、あるいは「セクト主義」の誘惑に屈することではないのだろうか。そしてそれは、分割よりも統一を求める公同性とは正反対ではないのか。

本章の最後で私が論じたいのは、聖餐によって生じるカトリカとは場所そのものではなく、場所を重んじつつ空間に関わる問題に取り組むストーリーだということである。空間をめぐるストーリーを論じ、地図と順路とを有効に区別したセルトーに、私はもういちど依拠してみる。そこでのストーリーは、物語的な順序に従って空間をまとめ、それらを相互に結びつける。そもそも人は、ある空間から他の空間へ移動するだけでなく、空間そのものを作り上げもする。そのとき活かされているのは、ストーリーが示す順路を辿る人の実践である。空間をグローバルかつ抽象的に地図化するのとは違って、中世における空間の描写では、距離が時の積み重ねや日数で、つまり徒歩で目的地に到着するのに要する時間で測定されていた。こうした順路はストーリーを述べるが、それは、目的地に向かって歩いた巡礼者自らが辿った仕方を物語るものだった(235)。

順路は、見ることではなく、行くことを前提している。ここで大事なのは空間を超然と展望することではなく、ストーリーが指し示す動きに身を置いてみることである。ストーリーとは、語られるものではなく演じられるものだ。そして、動き、身振りし、実践する身体によって空間は構成される。そうであるからこそ、空間に関わるストーリーは記述的であるだけでなく規範的でもある。ストーリーは私たちに歩むべき道を示す。「足が動く前か動いている間、ストーリーは旅をしている」(236)。セルトーがいうように、ストーリーは「実践活動にふさわしい舞台を立ち上げるのである」(237)。

空間をめぐるストーリーは、地図が生む過度な規則化が支配的になっていることに対する抵抗となる。けれどもそれは、自身に固有な場所や防衛すべき領域の確立を重んじるわけではない。その代わりに、空間をめぐるストーリーは、地図が示す場所を経る巡礼のあり方を変え、実践を通じてそうした場所を別の空間に変化させる。神の国は、天上の故郷に向かう巡礼の旅がなされる際して、この世界を用いる。けれども、ここでいう巡礼は、場所に対する関心を失ったわけではない。つまりそれは、グローバリズムが引き起こす単なる移動とは異なるのである。聖餐は旅している。聖餐に際して、隣人と見知らぬ人びととは特定の地域で顔と顔を合わせる出会いを経験するが、そのことを宇宙規模のストーリーにしつつ旅はなされる。と同時に、流動性が過度に重視される経済の中で、私たちは、逃走ではなく留まることで抵抗する(238)。コミュニティは特定の場所を去ることなく旅をしている。なぜなら、全世界とそれ以上のものが、聖餐に際して到来するからである。ヘブライ人への手紙は、謙虚な人びとの群れに対して、聖餐では彼ら彼女らが孤立しているわけではないことを教える。

あなたがたが到達したのは、シオンの山と生ける神の都、天のエルサレム、無数の天使たち、天に登録されている長子たちの大集会、すなわち教会、すべての人の審判者である神、完全な者とされた正しい人たちの霊、新しい契約の仲介者イエス、それに、アベルの血よりも優れたことを語る注がれた血です。(ヘブ12・22―24)

なるほど聖餐が有する終末論的な次元は、つい最近になって改めて強調されている。けれども、教父の著作や古代の典礼に数多く見られるのは、聖餐に際して、空間と時間の壁が力強く打ち破られ、地上の全教会とあらゆる場所あらゆる時代の教会とが永遠に結びつけられる様子である(239)。聖餐は宇宙規模の物語を述べるだけでなく上演する。それは、キリストの死と復活から始まり、彼の血によって交わされた新しい契約とに、そして被造物すべての未来における運命とに至る物語である。聖餐を受ける者はもはや、孤立した現在という海に溺れながらグローバル資本主義を生きるスキゾフレニックな主体ではない。彼もしくは彼女は、過去と現在そして未来がつながっているストーリーの中を歩んでいるのである。

他者に関心を寄せないグローバル資本主義に特有の過度な流動性の中で、徴と場所は置き換え可能となる。欲望の対象は欲望それ自体だからである。「私は恋に恋していました」(240)というアウグスティヌスの嘆きは、この様相を表現している。アウグスティヌスが理解したところでは、人の本当のアイデンティティは、現世の移ろいゆくものを越える神を願望することによってのみ見出される。私たちはこれに付け加えることができるだろう。典礼上の相違を正当化できるのは、世界に対する神の超越性に他ならない、と。というのも、神が充分に把握できない以上、超越的なるものを示すのに、場所と実践に関わる多様性が必要だからである(241)。それにもかかわらず、典礼上の相違があり得るのは、特定の徴がすべて交換可能なのではないからだ。逆に、聖餐においては特殊なるものが最も重要である。というのも、特定の場所と時間の中で割かれるこの特定のパンは、キリストの体だからだ。それは単に、徴の背後に立っている抽象的にして超越的な何かを指し示しているわけではないのである。聖餐に際しては、ものと徴との、事柄トさくらめんと（*res et sacramentum*）との間で位格的な統合が成立する。キリストは徴を満たす。ちょうど、聖餐を受けることが、受ける者と神とを一体化するのと同じように(242)。

聖餐に際して、それを受ける者は飲食されるものから超然と立っているのではない。私たちは、聖餐のパンを食することを通じて、実はキリストの体に取り入れられている。アウグスティヌスは自身にキリストの次の言葉を告げる。「わたしは大いなるものの糧です。成長しなさい。そうすればわたしを食べられるでしょう。あなたがわたしをあなたの肉の食物に変えるのではなく、あなたがわたしに変わるのです」(243)。はっきりしておきたいのは、聖餐を「ストーリー」と呼ぶことが決して実体変化の現実性を否定するわけではないということである。空間を私たちが歩み入るものへと整えるのは、他でもない、キリストの体と血である。ストーリーを語るのは、キリストであって、私たちではない。聖餐を受ける者は一人ひとりキリストの体全体を受け取る。だがこのときも、世界全体を通じて体は一つであり続ける。このことが可能になるのはただ、受ける者がキリストの体に取り込まれることによる。聖餐を受ける者は、地上にある特定の場所に住み続けながら、キリストの体という不思議な光景の中を歩き始める。このとき地上の光景は、地域の中に存在する特別な裂け目に普遍的なキリストの体が入り込むことによって、変化を被る。そこの角を曲がってみよう。そうすれば、宇宙を治めるキリストが、一杯のコーヒーを求めるホームレスの人の姿をとって現れる。空間はキリスト自身によって常に「さえぎられる」。キリストは、飢え、渇き、よそ者で、裸で、病んで、そして牢にいる(マタ25・31―46)最も弱い人びとの姿をとって現れるからである。

キリストの体にふさわしい物語を実践することとは空間の壁を壊す。しかし、それはグローバル資本主義とは違った仕方で、である。グローバリゼーションは、全世界の人びとを均一の空間と時間の中に並立させる地図化に依拠している。この均一の並立によって、さまざまな地域はお互いに競い合うように仕向けられる。と同時に、世界中の人びとは同時代人で互いに異なっている、という幻想が育まれる。けれども、このとき人びとは「自分とは別だよね」なだけの存在である。聖餐がなされる空間ではこれとは反対に、私たちは並立されるのではなく、本来のあり方に連れ戻される。パウロがいうように、キリストの体の中では「一つの部分が苦しめば、すべての部分が共に苦しみ、一つの部分が尊ばれれば、すべての部分が共に喜ぶのです」（一コリ12・26）(244)。ここに見られる空間の壁のラディカルな崩壊が実現するのは競争ではなく、パウロがいうように、他ならぬ最も弱いメンバーその人に対する敬意でありケアである。と同時に、この聖書個所でいう他者とは、単に自分とは別な人のことを指すのではなく、自分とは完全に異なる人を指す。なぜなら、ここで苦しんでいるのは、つまるところ教会にとっても他者であり続けるキリストその方だからである（コロ1・24）。

それゆえ、空間を整えるに際して、聖餐は、統合された人類のストーリーを単に述べるのではなく、さまざまな壁が事実として存在していることを明るみに出す。パウロは、富める者が貧しい者に恥をかかせているゆえに、コリント教会の信徒たちが聖餐を受けるに値しないと見なした。このとき彼は、「あなたがたの間で誰が適格者かをはっきりさせるためには、分派争いも必要でしょう」（一コリ11・19）、と信徒たちにいっている。この一節は、私たちが次のことに思いを馳せなければ意味が通らない。つまり、実は他者の飢えを前提にして生きている人びとがいるのに、聖餐は地球上のキリスト教徒たちを結びつける、と誤って語られることがあり得るのである。南半球に住む神学者たちは、次のことを私たちに想起させる。すなわち、「教会統合」を推し進めよとの圧力はしばしば、最もたちの悪い搾取を覆い隠すということである。北米にあっては、私たちが聖餐を祝うことも多くの場合、くだらない大量消費主義とグローバリゼーションを信じて疑わないセンチメンタリズムによって、植民地主義の影響を被っている。グローバリゼーションの論理は、教会でなされる典礼生活それ自体に感染する。そしてそのとき、すべての聖餐の場でキリストは再び裏切られるのである。パウロはコリント教会の信徒たちに思い起こさせる。キリストの体が適切に理解されないところでは、聖餐を受けることで人はかえって、あるいは病に倒れ、あるいは命を落とすのである（一コリ11・30）。このことはある点で、私たちの教会の現状を説明しているのかもしれない。

グローバル化した資本は世界統合を推し進めるといわれるけれども、こうした一見もっともな主張に対する抵抗はいかなるものであるべきか。示唆を与えてくれそうなのが、空間に関わる規律として聖餐を捉えることだが、それがどのように作用するものなのかを描いてみせることで議論を終えよう。一九七七年二月一三日、エルサルバドルの修道士ルティリオ・グランデは、アポパ村でのミサに際して説教を行った。

主なる神さまは、私たちに与えて下さいました……。国境線など関係のない、モノの世界をみんなに、です……「私はエルサルバドルの半分を買おう。ほら、カネならあるよ。そうするだけの権利があるじゃないか」……違います！　それは神さまを否定することです！　民衆に反する「権利」なんてものは存在しません！　みんなにとっての、モノの世界です。国境線も国境それ自体も、そこでは関係ありません。思い起こしていただきたいのは、この聖餐がなされているのと同じような、テーブルクロスが広げられた、共通の食卓です。みんなにとっての食卓です。みんなが座る椅子もある、みんなにとっての食卓です。キリストはご自身が治める王国を会食として語りましたが、それには充分な理由があります。彼は何度も何度も食事について話しました。そして、究極の犠牲を捧げる前の夜にキリストは、食事を祝福しました……。彼はいいました。この食事は贖いについての決定的な記憶となる。つまり、兄弟姉妹が食卓を共にするとき、そこには各自の場所があるのです。兄弟姉妹が交じり合う愛とはこのようなものであり、それはすべての壁と偏見を粉々に打ちくだきます。そして、いつの日か、そうした愛は憎しみそれ自体に打ち克ちます。(245)

ひと月もしないうちにルティリオ・グランデは、政府が支援する暗殺団の放った凶弾に倒れた。これに対してオスカル・ロメロ大司教は驚くべき策を講じた。次の日曜日、大司教区ではひとつのミサだけが、すなわち告別ミサだけが行われると宣言したのである。富める者も貧しい者も信仰に生きる者はみな、聖餐を祝うひとつの空間に集うべきだとされた。社会のエリートは激怒してこれに反対したが、ロメロは動じなかった(246)。彼は聖餐のもつ力を用いて、富める者と貧しい者とを分かつ空間の壁を壊したのである。それは、教会の影響力の広がりを判断することによってでもなかったし、教会の普遍性や統一性を高らかに唱えることによってでもなかった。ロメロが用いた手段は、祭壇を囲む特別な場所へ信仰に生きる者を集めることであり、地上における一つの場所一つの時間の中で、天上の普遍的なカトリカを実現することだった。

注

（1）Benedict Anderson, *Imagined Communities: Reflections on the Origin and Spread of Nationalism* (London: Verso, 1991).〔邦訳：ベネディクト・アンダーソン著『定本　想像の共同体——ナショナリズムの起源と流行』（白石隆・白石さや訳、書籍工房早山、二〇〇七年）〕

（2）Philip Abrams, 'Notes on the Difficulty of Studying the State,' *Journal of Historical Sociology* 1, no.1 (March 1988), p. 77; also Ralph Miliband, *The State in Capitalist Society: An Analysis of the Western System of Power* (New York: Basic Books, 1969).

（3）R. O. Keohane の言葉。出典は、David Held, Anthony McGrew, David Goldblatt and Jonathan Perraton,

Global Transformations: Politics, Economics, and Culture* (Stanford, CA: Stanford University Press, 1999), p. 9.

（4）Jean-Jacques Rousseau, *The Social Contract*, trans. Willmoore Kendall (South Bend, IN: Gateway Editions, 1954), p. 2 [Bk I, ch.1].〔邦訳：ジャン＝ジャック・ルソー著『社会契約論』（作田啓一訳、白水社uブックス、二〇一〇年）〕

（5）Henri de Lubac, *Catholicism: Christ and the Common Destiny of Man*, trans. Lancelot C. Sheppard and Sister Elizabeth Englund, OCD (San Francisco: Ignatius Press, 1988), p. 29.〔邦訳：アンリ・ド・リュバク著『カトリシズム　キリスト教信仰の社会的展望』（小高毅訳、エンデルレ書店、一九八九年）〕

（6）Clement of Alexandria, *Protreptic*, c.12, cited in de Lubac, pp. 32-3.

（7）人類学者が近年「エバ」や「ルーシー」を発見したことは、人類の一祖発生説をめぐる興味深い問いを引き起こしている。だが、私が本節で深めている見解は、生物学的に一組の祖先が歴史的に存在したということに必ずしも依拠しているわけではない。

（8）de Lubac, pp. 33-4. 関連してド＝リュバクは、「罪あるところ多様性あり」というオリゲネスの格言にも言及する。ところで、統一と多様性をめぐるここでの対立は、ともすれば「ファシスト」的な含みを帯びる。けれどもそうした含みは、キリストの体における多様性を踏まえた統一をパウロが説明した際には、避けられていたものである。

（9）de Lubac, p. 34.

（10）Augustine, *in Galat. expositio* n.28, quoted in de Lubac, p. 112.

（11）Augustine, *The City of God*, trans. Marcus Dods (New York: Modern Library, 1950), pp. 686-709. [XIX,

11-28]. 〔邦訳：アウグスティヌス著『神の国上・下』（泉治典ほか訳、教文館、二〇一四年）〕 *Theology and Social Theory* (Oxford: Blackwell Publishers, 1990), pp. 389-92, 398-411 で示された、John Milbank によるアウグスティヌスの思想についての議論も見よ。

（12） Rousseau, p. 2 [Bk I, ch.1].

（13） Thomas Hobbes, *Leviathan: Or the Matter, Forme, and Power of a Commonwealth Ecclesiasticall and Civil* (New York: Collier Books, 1962), p. 262 [ch.31]. 〔邦訳：ホッブズ著『リヴァイアサンⅠ・Ⅱ』（永井道雄・上田邦義訳、中公クラシックス、二〇〇九年）〕

（14） J. Milbank, *Theology and Social Theory*, pp. 12-15.

（15） John Locke, *Two Treatises of Government* (New York: Dutton, 1924), pp,118-19 [Bk II, §4]. 〔邦訳：ジョン・ロック著『完訳　統治二論』（加藤節訳、岩波文庫、二〇一〇年）〕

（16） Hobbes, pp. 98-9 [ch.13].

（17） Locke, p. 118 [Bk II, §4].

（18） Milbank, *Theology and Social Theory*, pp. 12-15.

（19） Locke, *Two Treatises of Government*, p. 129 [Bk II, §25].

（20） Locke, p. 130 [Bk II, §27].

（21） Locke, p. 132 [Bk II, §32-34].

（22） Rousseau, p.9 [Bk I, ch.4].

（23） Locke, *Two Treatises of Government*, pp. 126-7 [Bk II, §16-19].

（24） John Locke, *A Letter Concerning Toleration* (Indianapolis: Bobbs-Merrill, 1955), p. 47. 〔邦訳：ジョン・

ロック著『寛容についての手紙』(加藤節・李静和訳、岩波文庫、二〇一八年)〕

(25) Rousseau, p. 13 [Bk I, ch.6].

(26) Hobbes, p. 19 [author's introduction].

(27) Rousseau, p. 15 [Bk I, ch.6].

(28) Locke, *Two Treatises of Government*, p. 165 [Bk II, §96].

(29) たとえば以下を見よ。John Rawls, 'Justice as Fairness: Political not Metaphysical,' *Philosophy & Public Affairs* (Summer 1985), p. 225; Judith Shklar, *Ordinary Vices* (Cambridge, MA: Harvard University Press, 1984), p. 5; Jeffrey Stout, *The Flight from Authority*: *Religion*, *Morality and the Quest for Autonomy* (Notre Dame, IN: University of Notre Dame Press, 1981), pp. 13, 235-42.

(30) Shklar, p. 5.

(31) Stout, p. 241.

(32) Quentin Skinner, *The Foundations of Modern Political Thought* (Cambridge: Cambridge University Press, 1978), vol.II, p. 353.〔邦訳:クエンティン・スキナー著『近代政治思想の基礎——ルネッサンス、宗教改革の時代』(門間都喜郎訳、春風社、二〇〇九年)〕

(33) John Neville Figgis, *From Gerson to Grotius*, *1414-1625* (New York: Harper Torchbook, 1960), p. 5.

(34) Figgis, p. 6.

(35) Marsilius of Padua, *Defensor Pacis*, trans. Alan Gewirth (Toronto: University of Toronto Press, 1980), pp. 113-26.

(36) Martin Luther, *Temporal Authority*: *to what Extent it should be Obeyed*, trans. J.J.Schindel in *Luther's Works*,

vol.45 (Philadelphia: Fortress Press, 1962), pp. 75-129.〔邦訳：マルティン・ルター著「この世の権威について、人はどの程度までこれに対し服従の義務があるのか」ルーテル学院大学・日本ルーテル神学校・ルター研究所編『ルター著作選集』(教文館、二〇〇五年)〕

(37) ウーヴェ・ズィーモン＝ネットー〔Uwe Siemon-Netto〕はこのことを、'Luther Vilified – Luther Vindicated,' *Lutheran Forum*, vol.27 (1993), no.2, pp. 33-9 and no.3, pp. 42-9 で論じている。

(38) Martin Luther, *To the Christian Nobility of the German Nation*, trans. Charles M. Jacobs in *Three Treatises* (Philadelphia: Fortress Press, 1966), p. 15.〔邦訳：マルティン・ルター著「キリスト教界の改善に関してドイツのキリスト者貴族に宛てて」ルーテル学院大学・日本ルーテル神学校・ルター研究所編『ルター著作選集』(教文館、二〇〇五年)〕

(39) Skinner, vol.II, p. 15.

(40) Richard S. Dunn, *The Age of Religious Wars: 1559-1689* (New York: W.W.Norton & Company, 1970), p. 6. ダンはこう付け加える。「遅まきながら教皇側が内部改革のプログラムを支持したとき、その承認をハプスブルク家もヴァロワ家も多くの点で拒んだ。特に両者は、自分たちの主権的な権威を制限するトリエント公会議の決定を拒否した。ローマと協働しようとしなかったことで、カトリック君主たちは、中世の教会が有していた政治権力を回復しようとする教皇の野心に待ったをかけたのである。」

(41) Dunn, pp. 48-9.

(42) G. R. Elton, 'The Age of the Reformation,' quoted in Dunn, p. 6.

(43) Skinner, vol.II, pp. 59-60.

（44）Dunn, p. 24. Skinner, vol.II, pp. 254-9 も見よ。
（45）Dunn, pp. 23-6.
（46）出典は Franklin C. Palm, *Calvinism and the Religious Wars* (New York: Henry Holt and Company, 1932), pp. 54-5 による。
（47）Palm, pp. 51-4.
（48）Dunn, pp. 27-31.
（49）J. H. M. Salmon, *Society in Crisis: France in the Sixteenth Century* (London and Tonbridge: Ernest Benn Limited, n.d.), pp. 189-90 を見よ。虐殺の後、ユグノーの筆による数多くの著作が、母太后の行動の中に、マキァヴェリズムの影響を探っている。
（50）Dunn, pp. 69-73.
（51）Dunn, pp. 73-8.
（52）J. H. Elliot, *Europe Divided: 1559-1598* (New York: Harper & Row, 1968), p. 108. エリオットは、フランスの内乱の背景にあった世俗的な動機について、一六世紀に活躍したヴェネツィア大使の言葉を引用している。「カエサルが自分と同等の者を、そしてポンペイウスが自分に勝る者を認めようとしなかったように、このたびの内乱は、自分と同等の者を認めようとしない〔ギース家に近い〕ロレーヌ枢機卿の思い、および、自分に勝る者を認めようとしない〔ユグノーの〕提督（コリニー）とモンモランシー家の思いから生じていた。」
（53）Wilfred Cantwell Smith, *The Meaning and End of Religion* (New York: The Macmillan Company, 1962), p. 31.

（54）St Thomas Aquinas, *Summa Theologiae*, ed. Blackfriars (New York: McGraw-Hill, 1964), II-II.81.8.〔邦訳：トマス・アクィナス著『神學大全』（山田晶・稲垣良典ほか訳、創文社）〕

（55）St Thomas Aquinas, II-II.81.7.

（56）St Thomas Aquinas, 1-II.49-55.

（57）Cantwell Smith,p. 32.

（58）Cantwell Smith,p. 19.

（59）Cantwell Smith,p. 32-4.

（60）Cantwell Smith,p. 32-44.

（61）Skinner, vol.II, pp. 244-6.

（62）Jean Bodin, *Six Books of the Commonwealth*, trans. and abr. M.J.Tooley (Oxford: Basil Blackwell, n.d.), p. 141.

（63）Bodin, pp. 140-2.

（64）Figgis, p. 124.

（65）Hobbes, p. 88.

（66）Hobbes, p. 90.

（67）Hobbes, pp. 94, 297-9.

（68）Hobbes, pp. 340-1.

（69）Hobbes, pp. 395-8.『リヴァイアサン』の第42章でホッブズは、主権者はこうした権能を有してはいるが、使徒的伝承や按手といった細々としたことについては頭を悩ませる必要がない、とする理由を長々と説明している。

（70）Hobbes, p. 324.

（71）Hobbes, pp. 363-6.

（72）Hobbes, p. 340.

（73）Hobbes, pp. 340-1.

（74）Hobbes, p. 418.

（75）Rousseau, p. 151 [Bk IV, ch.8].

（76）Rousseau, p. 153 [Bk IV, ch.8].

（77）Rousseau, p. 153-62 [Bk IV, ch.8].

（78）Locke, *A Letter Concerning Toleration*, p. 17.

（79）ジョン・ミルバンクも、少し異なるいい方で、近代の絶対主義と近代の自由主義とが密接な関係にあることを指摘している。「個人の安全と（売買や諸契約、教育や居住地選択の）『私的な』追求に対する不干渉とを保障する国家権力の公的な性格こそが、この権力が無制限かつ唯一無二であることの理由なのである。自由主義者が想定する平和は御意見無用の権力を必要としているが、その権力は必ずしも多くの人びとの承認を得ていなくてもかまわない。このことを理解する点で、後に登場するロックのような、明らかにより『リベラルな』思想家たちよりも、ホッブズはずっと明敏だったのである」。Milbank, *Theology and Social Theory*, p. 13.

（80）Locke, *A Letter Concerning Toleration*, p. 18.

（81）Locke, *A Letter Concerning Toleration*, p. 35.

(82) オランイエ公ウィレムはしばしば、宗教的な狂信者、熱心なカルヴィニスト、教皇主義者たちに対する神の鞭として思い描かれてきた。しかし近年の研究はウィレムを、神学を国家形成の単なる道具とする「徹底的なポリティーク派」だとする。名誉革命の前夜、ウィレムとオランダの全国議会はロビー活動を始めており、それはヨーロッパのカトリック国に、自分たちはイングランドに攻め込む際にプロテスタンティズムに由来する動機を有していないこと、および、カトリックの礼拝を保護するつもりであることを納得してもらおうとするものだった。オランダはフランスとの開戦寸前であり、勝利する可能性はフランスにイギリスを対抗させることにかかっていることを、皆が理解していた。同じ頃フランスには、このたびの衝突を、国家間戦争としてではなく「宗教戦争」として色づけようとするプロパガンダが存在した。少なくともイギリス人パンフレット作家のひとりは、一六八八年、そのような解釈はあり得ないと考えて、次のように記した。「オランダ人にとって宗教が何を意味するのか知っている人であれば、君主や議会がそれを広めるためにニシン漁船や運搬車を犠牲にするとは、誰も思わないだろう」。Jonathan I. Israel, 'William III and Toleration' in *From Persecution to Toleration*, eds. Ole Peter Grell, Jonathan I. Israel, and Nicholas Tyacke (Oxford: Clarendon Press, 1991), pp. 129-42を見よ。

(83) Earl of Clarendon, *Animadversions upon a Book, Intituled, Fanaticism Fanatically Imputed to the Catholick Church, by Dr. Stillingfleet, And the Imputation Refuted and Retorted by S.C.* (London: Rich. Royston, 1685), p. 12.

(84) Earl of Clarendon, p. 11.

(85) Anthony Giddens, *The Nation-State and Violence* (Berkeley: University of California Press, 1987), pp. 50-1.

〔邦訳：アンソニー・ギデンズ『国民国家と暴力』（松尾精文・小幡正敏訳、而立書房、一九九九年）〕　国民国家システムによって課せられた国境線は、衝突を引き起こし続けている。一九九一年の湾岸戦争は主として、第一次世界大戦後にイギリスによって引かれ、アラブ世界を人工的で相互に対立する国民国家に分断した、国境線によって引き起こされたものである。イラクとクウェートの国境線はイギリスの高等弁務官パーシー・コックスによって恣意的に引かれたが、それは、新たに建国されたイラクがイギリスに頼らないでは海に出ることのないように意図されたものだった。Glenn Frankel, 'Lines in the Sand,' *The Gulf War Reader*, eds. Micah L. Sifry and Christopher Cerf (New York: Times Books, 1991), pp. 16-20 を見よ。

（86）Hobbes, p. 418 [ch.42].

（87）Rousseau, p. 58 [Bk II, ch.12].

（88）Max Weber, 'Politics as a Vocation,' in *From Max Weber: Essays on Sociology*, trans. and ed. H.H.Gerth and C.Wright Mills (New York: Oxford University Press, 1946), pp. 77-8.〔邦訳：マックス・ウェーバー著「仕事としての政治」『仕事としての学問　仕事としての政治』（野口雅弘訳、講談社学術文庫、二〇一八年）〕

（89）Raymond Williams, *Toward 2000* (Harmondsworth: Penguin Books, 1985), pp. 218-40 を見よ。

（90）Augustinus, *Confesseions*, trans. Henry Chadwick (Oxford: Oxford University Press, 1991), p. 124 [Bk.VII, ch.10, §16].〔邦訳：アウグスティヌス著『告白録』（宮谷宣史訳、教文館、二〇一二年）〕

（91）Jean-Luc Marion, *God Without Being*, trans. Thomas A. Carlson (Chicago: University of Chicago Press, 1991), pp. 95-101, 161-182.〔邦訳：ジャン＝リュック・マリオン著『存在なき神』（永井晋・中島

盛夫訳、法政大学出版局、二〇一〇年）〕

（92）John Milbank, 'Can a Gift be Given?: Prolegomena to a Future Trinitarian Metaphysic,' *Modern Theology* 11 (1995), p. 133.

（93）Milbank, pp. 119-61. John Milbank, 'Socialism of the Gift, Socialism by Grace,' *New Blackfriars* 77/910 (December 1996), pp. 532-48 も参照せよ。

（94）John Zizioulas, 'Eucharist and Catholicity' in *Being as Communion*: *Studies in Personhood and the Church* (Crestwood, NY: St Vladimir's Seminary Press, 1985), pp. 143-69. この点で、カトリック教会の教会論と正教会のそれは有益な抑制を互いに対して果たしている。教皇制は皇帝教皇主義に対する砦となるが、その教皇はローマ司教として、すなわち同等者ノ中ノ第一人者 *primus inter pares* として考えられなくてはならない。

（95）Alan of Lille, quoted by St Bonaventure in *The Soul's Journey into God*, trans. Ewart Cousins (New York: Paulist Press, 1978), p. 100 [ch. V, §8].

（96）聖餐の終末論的次元を論じた文書については、Geoffrey Wainwright, *Eucharist and Eschatology* (New York: Oxford University Press, 1981) を見よ。

（97）St John Chrysostom, *In Heb. Hom.*, XIV, 1,2. 翻訳は Dom Gregory Dix, *The Shape of the Liturgy* (London: Dacre Press, 1945), p. 252 による。

（98）*The Didache*, §14.

（99）「市民社会」を扱う政治理論と社会倫理学の文献は爆発的に増えてきた。多くのものの中から、特に以下を見よ。Andrew Arato, *Civil Society*, *Constitution and Legitimacy* (Lanham, MD: Rowman and

Littlefield, 2000); Benjamin R. Barber, 'The Search for Civil Society,' *The New Democrat*, no.7 (March/April), 1995; Benjamin R. Barber, *Strong Democracy: Participatory Politics for a New Age* (Berkeley: University of California Press, 1984)〔邦訳：ベンジャミン・R・バーバー著『ストロング・デモクラシー――新時代のための参加政治』（竹井隆人訳、日本経済評論社、二〇〇九年）〕; Harry Boyte, *Commonwealth: A Return to Citizen Politics* (New York; Free Press, 1989); Sara Evans and Harry Boyte, *Free Spaces: The Sources of Democratic Change in America* (New York: Harper & Row, 1986); Jurgen Habermas, *Between Facts and Norms: Contributions to a Discourse Theory of Law and Democracy*, trans. William Rehg (Cambridge, MA: MIT Press, 1996).〔邦訳：ユルゲン・ハーバーマス著『事実性と妥当性――法と民主的法治国家の討議理論に関する研究（上・下）』（河上倫逸・耳野健二訳、未来社、二〇〇二―三年）〕　概念の歴史については John Ehrenberg, *Civil Society: The Critical History of an Idea* (New York: New York University Press, 1999) を見よ。

（100） John Courtney Murray, SJ, 'The Problem of Religious Freedom' in *Religious Liberty: Catholic Struggles with Pluralism*, ed. J. Leon Hooper, SJ (Louisville: Westminster / John Knox Press, 1993), p. 144. 中世のキリスト教世界は、個人がいくつも重なり合う忠誠心を抱いていたことで成り立っていたが、こうした複雑さに即して、「社会」という語のもつ均質的な全体性を修正すべきであろう。この問題をマレーは扱っていないようである。

（101） John Courtney Murray, SJ, 'Civil Unity and Religious Integrity: The Articles of Peace' in *We Hold These Truths: Catholic Reflection on the American Proposition* (Kansas City: Sheed and Ward, 1960), pp. 45-78.

（102） Murray, 'The Problem of Religious Freedom,' pp. 144-5.

(103) Murray, 'The Origins and Authority of the Public Consensus' in *We Hold These Truths*, pp. 109-23.

(104) マレーはこれらの言葉を同義で用いている。彼のいうところでは、「公共哲学」が主張内容の客観性を強調しているのに対して、「コンセンサス」は説得の際に浮かび上がる主観性を強調している。Murray, 'Two Cases for the Public Consensus: Fact or Need' in *We Hold These Truths*, p. 79.

(105) Murray, 'The Origins and Authority of the Public Consensus' in *We Hold These Truths*, pp. 98-106.

(106) Adolf Berle, quoted in Murray, 'The Origins and Authority of the Public Consensus,' p. 101.

(107) Richard John Neuhaus, *The Naked Public Square: Religion and Democracy in America* (Grand Rapids, MI: Wm. B. Eerdmans, 1984), p. 84.

(108) Neuhaus, pp. 116-17.

(109) Richard McBrien, *Caesar's Coin* (New York: Macmillan Publishing Company, 1987), p. 42.

(110) Neuhaus, p. 27. 公共神学者のリチャード・マクブライアンも同様な定義を行う。すなわち、「人は（神や神に関わる全てのもの、という）究極的な実在との、個人的で共同的な（もしくは個人的か共同的かの）関係を受け入れたり表明したりするが、そのとき用いられる態度、信念、感情、振る舞い、儀式、象徴、信仰そして制度がすべて影響している複合体」が宗教なのである。*Caesar's Coin*, p. 11. マイケル・ハイムズとケネス・ハイムズは宗教の定義に際してマクブライアンを引用している。Michael J. Himes amd Kenneth R. Himes, OFM, *The Fullness of Faith: The Public Significance of Theology* (New York: Paulist Press, 1993), pp. 19-20 を見よ。

(111) Neuhaus, p. 256.

(112) Neuhaus, p. 259.

(113) Neuhaus, pp. 250-1.
(114) Neuhaus, p. 37.
(115) Neuhaus, p. 132.
(116) Neuhaus, p. 36.
(117) George Weigel, *Catholicism and the Renewal of American Democracy* (New York: Paulist Press, 1989), p. 116.
(118) Neuhaus, p. 115.
(119) Himes and Himes, pp. 14-15.
(120) David Tracy, quoted in Himes and Himes, p. 16.
(121) David Tracy, in Himes and Himes, p. 16.
(122) David Tracy, in Himes and Himes, pp. 22-3.
(123) David Tracy, in Himes and Himes, pp. 55-73.
(124) 一九六〇年代に最初ヨーロッパで打ち立てられた「政治神学」は、国家や市民社会に対する向き合い方の点で「公共神学」と多くの共通点を有していた。たとえばヨハン＝バプティスト・メッツも、宗教的なるものから政治的なるものを「適切に」解き放つことを良しとするところから、議論を始める。メッツにとって啓蒙とは、人間の自由の成熟が達成されることを意味する。世俗化した政治秩序は自由の秩序であり、政治的現実は所与のものではもはやなく、人間の自由な活動に服するものとなる。世俗化とは王たるキリストが世から退位することではなく、むしろ「歴史におけるキリストの支配の決定的な時点」なのである。なんとなれば、世をそれ自体として自由にさせるのが、他ならぬキリスト教だからである。Metz, *Theology of the World*, trans. William

Glen-Doepel (New York: Seabury Press, 1969), p. 19.〔邦訳：J・B・メッツ著『世の神学』（田淵文男訳、あかし書房、一九七〇年）〕 こうした解き放ちにとって決定的なのは、国家の野心を制限する効果をもつ、国家と市民社会の区別である。市民社会とは、既存の国民国家において中心をなす開かれたフォーラムであって、そこにあらゆる集団は自由に参加できる。そうしたことを認めれば、教会がキリスト教国家を支配したり打ち立てたりしようとすることはもはやない。むしろ教会は、社会を構成する他のグループと並んで、市民社会の中で固有の地位を占めるのである。そして、この市民社会においては、強制力を独占している国家がいかなる公共政策を確立し実施すべきかについて、合意が形成されている。

メッツによる新しい型の政治神学は、ボナールやドノソ・コルテスそしてシュミットらによる古い型のそれ——これらは神学が直接に政治問題になり得ると信じている——を「批判的吟味を経ていない」段階にあると見なす。なぜなら後者は、啓蒙主義の宗教批判を受け入れていないからだ。しかしながら、同時にメッツは次のことにも関心を寄せる。すなわち、正当にも政治的領域から教会を切り離すことは、キリスト教信仰の単なる私事化にも、また弱々しいブルジョワ的な感傷に対して福音を丸投げすることにも帰着するわけではない。メッツの解答は、教会が市民社会の中で「社会批判の制度」としての地位を占めることである。そして、この制度に課せられた使命は、啓蒙以後明らかになった自由の歴史に仕えることとして規定される。権力とイエスとの対決や周辺化されたものに対するイエスの好意を踏まえるなら、教会はあらゆる社会形態を、神の国には至らぬものとして批判するであろう。教会それ自身でさえ、「歴史的現実となった社会の状態すべてを暫定的だと見なす『終末論的但し書き』のもとに置かれているのである」。教会が行う批判は単なる否定ではなく、自由や平和、正義や和解といった聖書の伝統が示す終末論的な約束を、いま現実化しようというチャレンジである。しかしながら、神学は直接的には政治的になり得ないから、市民社会というアリーナで受け入れられるように、神学は「実践的かつ公共的な理性」に翻訳されなくてはならないのである。Metz, pp. 107-14 を見よ。

（125）Harry Boyte, Nancy Kari, Jim Lewis, Nan Skelton, and Jennifer O'Donoghue, *Creating the Commonwealth: Public Politics and the Philosophy of Public Work* (Dayton, OH: Kettering Foundation, n.d.), p. 18.

（126）Harry C. Boyte, 'Off the Playground of Civil Society,' *The Good Society* 9, no.2 (1999), pp. 1,4.

（127）ボイトの著作 *Citizen Action and the New American Populism*, co-authored with Heather Booth and Steve Max (Philadelphia: Temple University Press, 1986) の全体はほぼこうした事例研究から成り立っている。また、こうした事例研究をボイトの *Common Wealth: A Return to Citizen Politics* (New York: Free Press, 1989) は、より一般的なデモクラシー理論と丁寧に結びつけている。

（128）James Scott, *Seeing like a State* (New Haven, CT: Yale University Press, 1998) を見よ。最初の頃、スコットの業績の中には、*Weapons of the Weak* という魅力的な著作が含まれていた。それは、貧しい人びとが権力に対して日常的にどう抵抗できるかを論じた研究であり、そこでは典型的には、遅延や法令不遵守、そしてサボタージュなど、ドラマティックでも革命的でもない反乱の仕方が扱われている。

（129）Sara M. Evans and Harry C. Boyte, *Free Spaces: Sources of Democratic Change in America* (New York: Harper & Row, 1986), pp. 17-18.

（130）Evans and Boyte, pp. 26-68.

（131）Boyte, ‘Off the Playground of Civil Society,’ pp. 4-5.

（132）Boyte, ‘Off the Playground of Civil Society,’ pp. 4-5. バーバーの立場については、彼の *A place for Us: How to Make Society Civil and Democracy Strong* (New York: Hill and Wang, 1998) を見よ。ハーバーマスも同様に、経済や国家の外側に位置する領域に対する「市民社会の自主規制」について記す。なんとなれば、国家が擁する官僚制も市場も今日あまりにも複雑になってしまい、民主的な手続きによっては方向づけられなくなっているからである。Habermas, *Between Facts and Norms*, pp. 366-73 を見よ。

（133）Harry C. Boyte and Nancy N. Kari, *Building America: The Democratic Promise of Public Work* (Philadelphia: Temple University Press, 1996), p. 202.

（134）Boyte, ‘Off the Playground of Civil Society,’ pp. 5-6. ここでボイトは特に「市民社会への召命：デモクラシーが道徳的真理を必要とする理由（*A Call to Civil Society: Why Democracy Needs Moral Truths*）」を念頭に置いている。これは、ジャン＝ベートケ・エルシュタイン（Jean Bethke Elshtain）が議長を務める、市民社会協議会（the Council on Civil Society）によって一九八八年に出された声明である。その署名者は、コーネル・ウェストからインディアナ州選出の上院議員で共和党員のダン・コーツにまで及ぶ。

（135）*Building Worlds, Transforming Lives, Making History: A Guide to Public Achievement*, 2nd ed. (Minneapolis: Center for Democracy and Citizenship, 1998), p. 1. 本書はパブリック・アチーブメントの指導者と参加者に向けたトレーニング・マニュアルである。

（136）Boyte, *et al.*, *Creating the Commonwealth*, p. 23.

(137) *Building Worlds, Transforming Lives, Making History*, p. 1.

(138) セントバーナード校の生徒と教員は新しい公園を企画して首尾よく作り上げたことにより、一九九九年、ジェス・ヴェンチュラ知事の施政方針演説の中で言及がなされた。

(139) Boyte, *et al., Creating the Commonwealth*, p. 18.

(140) *Building Worlds, Transforming Lives, Making History*, p. 40.

(141) *Building Worlds, Transforming Lives, Making History*, p. 23.

(142) *Building Worlds, Transforming Lives, Making History*, p. 23.

(143) Boyte, *et al., Creating the Commonwealth*, p. 14.

(144) *Building Worlds, Transforming Lives, Making History*, p. 39. パブリック・アチーブメントは、政府から財やサービスを得ることを重んじる「シビックス・アプローチ〔civics approach〕」とは異なる。またそれは、比較的同質な人間集団の利益や経験にあまりにも特化した関心を向けることとなる「コミュニタリアン・アプローチ〔communitarian approach〕」とも異なる。利益に依拠して作られた組織に対するボイト自身の批判については、彼の *Common Wealth*, pp. 12-13 を見よ。

(145) *Building Worlds, Transforming Lives, Making History*, p. 23. 公共的な行動を帰結するのであれば、自己利益を出発点にすることには正当性がありそうである。それゆえセントバーナードのパブリック・アチーブメントは「自分たちの自己利益に基づいて生徒たちが公共的な仕方で行動するための手段であって、それは変革を引き起こす仕事に導かれる」と記されている。Boyte, *et al., Creating the Commonwealth*, p. 15.

(146) Boyte, *et al., Creating the Commonwealth*, p. 16.

（147）Michael L.Budde, *The Two Churches: Catholicism & Capitalism in the World System* (Durham, NC: Duke University Press, 1992), p. 115.

（148）たとえば、Michael Hardt, 'The Withering of Civil Society', *Social Text* 45, vol.14, no.4 (Winter 1995); Bob Jessop, *State Theory* (University Park, PA: The Pennsylvania State University Press, 1990), pp. 338-69; Antonio Negri, *The Politics of Subversion*, trans. James Newell (Cambridge: Polity Press, 1989), pp. 169-99; and Kenneth Surin, 'Marxism(s) and "The Withering Away of the State,"' *Social Text* no.27 (1990), pp. 42-6を見よ。

（149）ここでの例についてはデューク大学のロマンド・コールズ（Romand Coles）教授から示唆を受けた。

（150）Surin, p. 45.

（151）Robert A. Nisbet, *The Quest for Community* (London: Oxford University Press, 1953), p. 104.〔邦訳：R・A・ニスベット著『共同体の探求――自由と秩序の行方』（安江孝司訳、梓出版社、一九八六年）〕

（152）Nisbet, pp. 102-8.

（153）ここで述べた発展については John Neville Figgis, 'Churches in the Modern State' in *The Pluralist Theory of the State: Selected Writings of G.D.H. Cole, J. N. Figgis, and H. J. Laski*, ed. Paul Q. Hirst (London: Routledge, 1989), pp. 111-27を見よ。フィッギスの指摘によれば、ローマ法はそれ自体としてはイングランドで受容されることがなかったけれども、それに匹敵する教説があって、これによって諸組織に対する国家の承認はなされてきた。そしてその教説は、一六世紀以降、中央集権化に向かう一般的な傾向を部分的に担いつつ発展した。Ibid., p. 114. 歴史の皮肉ではあるが、教会を「自発的結社」に還元するのに用いられた、ここでの唯名論的な教説は当初、教皇インノケンティウス四世が依拠したローマ法からの借りものであった。Nisbet, p. 113 を見よ。

(154) Nisbet, p. 109.

(155) たとえば Adam Smith, *The Wealth of Nations* (New York: The Modern Library, 1937), pp. 740-65, 775-7 [Bk V, ch.1, Part III, Art.III]〔邦訳：アダム・スミス著『国富論I—III』（大河内一男監訳、中公文庫、一九七八年）〕を見よ。スミスは商業の勃興が「利益の絆」の解消を伴っていたことを詳述しているが、この絆は、階級相互を結びつけ、教会によって促進されていたのである。

(156) Anthony Giddens, *The Nation-State and Violence* (Berkeley: University of California Press, 1987), pp. 148-71.

(157) Charles Tilly, 'War Making and State Making as Organized Crime,' in *Bringing the State Back In*, eds. Peter B. Evans, Dietrich Rueschemeyer, Theda Skocpol (Cambridge: Cambridge University Press, 1985), p. 169.

(158) Tilly, pp. 170-1.

(159) Tilly, pp. 170-5.

(160) Tilly, pp. 172.

(161) Tilly, pp. 172-86.

(162) Tilly, pp. 171-5.

(163) Tilly, pp. 172.

(164) G.W.F. Hegel, *The Philosophy of Right*, trans. T.M. Knox (Oxford: Clarendon Press, 1952), §257.〔邦訳：ヘーゲル著『法の哲学I・II』（藤野渉・赤沢正敏訳、中公クラシックス、二〇〇一年）〕

(165) Hegel, §256.

(166) たとえば Michel Foucault, *Discipline and Punish: The Birth of the Prison*, trans. Alan Sheridan (New York: Vintage Book, 1977), pp. 293-308〔邦訳：ミシェル・フーコー著『監獄の誕生――監視と処罰』（田村俶訳、新潮社、一九七七年）〕を見よ。

(167) たとえば、Michel Foucault, 'La gouvernementalité' in *Dits et écrits*, vol.3 (Paris: Gallimard, 1994).〔邦訳：ミシェル・フーコー著『ミシェル・フーコー思考集成I―X』（小林康夫・石田英敬・松浦寿輝編、筑摩書房、一九九八―二〇〇二年）〕

(168) Hardt, pp. 27-44.

(169) Boyte, 'Off the Playground of Civil Society,' p. 5. 国家と社会が相互浸透する例は増えている。すぐ頭に浮かぶのは、「規制」を通じて政府が企業合併を公的に奨励していることである。そのような合併に際して論じられるのは、次の問いをめぐるものである。「この特殊な合併は消費者にとって良いものとなるだろうか、それとも悪いものとなるだろうか」。国家が議論を支配するとき、人びとは消費者として規定されるのであって、市民としてではない。

(170) Michel de Certeau, 'Believing and Making People Believe' in Graham Ward, ed. *The Certeau Reader* (Oxford: Blackwell Publishers, 2000), p. 125.

(171) Romand Coles, 'Toward an Uncommon Commonwealth: Reflections on Boyte's Critique of Civil Society,' *The Good Society* 9, no.2 (1999), p. 26. 早急に沈黙させられた形式の議論の例として、コールズが持ち出すのは「人間中心ではないエコロジー道徳やアニマル・ライツ、そして性差に基づく役割分担の根本的な見直し、また、自明とされる政治的・経済的・文化的実践に対してマイノリティの立場だからこそ行える挑戦を支持すること」である。

(172) Talal Asad, *Genealogies of Religion: Discipline and Reasons of Power in Christianity and Islam* (Baltimore: Johns Hopkins University Press, 1993), p. 39.〔邦訳：タラル・アサド著『宗教の系譜——キリスト教とイスラムにおける権力の根拠と訓練』（中村圭志訳、岩波書店、二〇一三年）〕

(173) Asad, pp. 27-54.

(174) Asad, pp. 27-9.

(175) St.Augusutine of Hippo, *The City of God*, trans. Marcus Dods (New York: The Modern Library, 1950), XIX, §21-2.

(176) ここで私は、*Theology and Social Theory* の特に pp.9-12 におけるジョン・ミルバンクの議論に負うところが大である。

(177) Pope John Paul II, 'Letter to Families,' p. 13.〔邦訳：ヨハネ・パウロ2世著「家庭への手紙」『家庭——愛といのちのきずな』（長島正・長島世津子訳、カトリック中央協議会、二〇〇五年）〕

(178) Reinhard Hütter, 'The Church as "Public": Dogma, Practice, and the Holy Spirit,' *Pro Ecclesia* 3, no.3 (Summer 1994), pp. 334-61.

(179) Gerhard Lofink, *Does God Need the Church ?: Toward a Theology of the People of God*, trans. Linda M. Maloney (Collegeville, MN: Liturgical Press, 1999), pp. 218-20.

(180) J. C. Schmitt, 'Le geste, la cathédrale et le roi,' quoted in Asad, p. 138.

(181) Archbishop Oscar Romero, 'The Church: Defender of Human Dignity' in *A Martyr's Message of Hope* (Kansas City: Celebration Books, 1981), p. 161. ここで取り上げている〔暗殺の前日である〕一九八〇年三月

二三日の説教は次のようになっている。「軍のメンバーに、そしてとりわけ国家警備隊の士官たち、警察そして軍のしかるべき人びとに、特別なお願いをさせてください。兄弟姉妹、あなたがたは同胞です。あなたがたは仲間である農民を殺害しています。誰かの発する『殺せ』との命令が認められてはなりません。むしろ、広く認められるべきは、『殺してはならない』と語る神の律法です。いかなる兵士も、神の律法に反する命令に服従する義務はありません。誰であれ、不道徳な法を守るべきではありません……よろしいですか。神の名において、大混乱の中でその叫びが日々天にまで至っている苦しむ人びとの名において、私は懇願します、乞います、命じます。神の名において、です。弾圧をやめなさい！」

（182）Archbishop Oscar Romero, homily, July 1, 1979, quoted in *The Church is all of you: Thoughts of Archbishop Oscar Romero*, trans. and ed. James R. Brockman, SJ (Minneapolis: Winston Press, 1984), p. 88.

（183）Archbishop Oscar Romero, 'The Church's Mission amid the National Crisis' in *Voice of the Voiceless*, trans. Michael J.Walsh (Maryknoll, NY: Orbis Books, 1985), p. 128.

（184）教会をもう一つの政体とした上で、それが基礎的なコミュニティたり得ることについて、より詳しく論じたものとして、William T.Cavanaugh, 'The Ecclesiologies of Medellín and the Lessons of the Base Communities,' *Cross Currents* vol.44. no.1 (Spring 1994), pp. 74-81 を見よ。

（185）Hütter, 'The Church as "Public."'

（186）Augustine, XIX. §21-3, X §6.

（187）ミシェル・ド＝セルトーは、「軌跡」（私たちとしては「巡礼」と置き換えたいところだが）が地図化によって取って代わられると何が生じるのかを説明する。「軌跡」というカテゴリーは、時間の中で空間を経る移動を示すためのものだった。すなわち、それは、点の通時的な連続を統合するためのものであり、共時的か無時間的かであると目される空間上に点が作り上げる図ではなかった。事実、こうした「描写」では不十分である。というのも、軌跡というものが描かれ、時と運動というものが、全体としては目によって把握され一時点において読み取られ得る線に還元されてしまうからである。誰かが街を歩くとき、その道のりが地図に投影される場合がその例となる。ここでの「平面化」は有益ではあるかもしれないが、それは一時的な場所の規定を、点の空間的な連続に変えてしまうのである。Michel de Certeau, *The Practice of Everyday Life*, trans. Steven Rendall (Berkley: University of California Press, 1984), p. 35.〔邦訳：ミシェル・ド・セルトー著『日常的実践のポイエティーク』（山田登世子訳、国文社、一九八七年）〕

（188） Certeau, p. 118. また pp. 34-42, 115-30 を見よ。

（189） David L. Schindler, 'Homelessness and the Modern Condition: The Family, Evangelization, and the Global Economy,' *Logos* 3, no.4 (Fall 2000), pp. 34-56.

（190） Michael Novak, *The Catholic Ethic and the Spirit of Capitalism* (New York: Free Press), p. 153.

（191） Peter Brown, *Augustine of Hippo* (Berkeley: University of California Press, 1967), p. 221.〔邦訳：ピーター・ブラウン著『アウグスティヌス伝　上・下』（出村和彦訳、教文館、二〇〇四年）〕を見よ。

（192） グローバル資本主義はキリスト教に取って代わり、より効果的で普遍性のある救済手段になった、と Robert H. Nelson は論じる。神学としてグローバル資本主義を捉える彼の説明については *Reaching for Heaven on Earth: The Theological Meaning of Economics* (Savage, MD: Rowman and Littlefield, 1991) を見よ。

（193）一九九三年、クリントン大統領が署名したＮＡＦＴＡ〔北米自由貿易協定〕は、アメリカ、メキシコ、カナダ間における貿易障壁をすべて撤廃する。

（194）ロバート・ニスベットはこの過程を著書 *The Quest for Community* (London: Oxford University Press, 1953), pp. 75-152 で詳述している。

（195）John Milbank, 'On Complex Space' in *The Word Made Strange: Theology, Language, Culture* (Oxford: Basil Blackwell, 1997), pp. 268-92.

（196）Otto Gierke, *Associations and Law: The Classical and Early Christian Stages*, trans. George Heiman (Tronto: University of Tront Press, 1977), pp. 143-60.

（197）Michael de Certeau, *The Practice of Everyday Life* (Berkeley: University of California Press, 1984), p. 120.

（198）Certeau, p. 121.

（199）Certeau, p. 115-30.

（200）G. W. F. Hegel, *The Philosophy of Right*, trans. T.M. Knox (Oxford: Clarendon Press, 1952), §256-7; Michel Foucault, *Discipline and Punish: The Birth of the Prison*, trans. Alan Sheridan (New York: Vintage Books, 1977), pp. 293-308.

（201）ヘーゲルに対するフーコーの関係については、Michael Hardt, 'The Withering of Civil Society,' *Social Text* 45, vol.14, no,4 (Winter 1995), pp. 31-4 を見よ。

（202）市民社会を可能にする条件が消えたことについては、Hardt, pp. 34-40; Kenneth Surin, 'Marxism(s) and "The Withering Away of the State,"' *Social Text* no.27 (1990), pp. 42-6; Antonio Negri, *The Politics of Subversion: A Manifesto for the Twenty-First Century* (Cambridge: Polity Press, 1989), pp. 169-99 を見よ。

(203) David Morris, 'Free Trade: The Great Destroyer' in Jerry Mander and Edward Goldsmith, eds., *The Case Against the Global Economy* (San Francisco: Sierra Club Books, 1996), p. 221.

(204) Ralph Nader and Lori Wallach, 'GATT, NAFTA, and the Subversion of the Democratic Process' in Mander and Goldsmith, eds., pp. 92-107.

(205) 一九九四年四月六日付 *The Independent* (Durham, NC) 紙に載った記事 'Losing our Shirts' は、たとえば米国国際開発庁が一九八〇年以来一〇億ドルを超える金額を、どのように費やしたのかを示している。それらは補助金や融資そして広告に用いられ、アメリカ企業がカリブ海や中央アメリカで安価な労働力を探すのを手助けした。アメリカ人が納めた税金は、業界誌に掲載される米国国際開発庁の広告に支払われたわけだが、その広告の一つは次のようなものである。「エルサルバドルに住むロサ・マルティネスはミシンで、アメリカ市場向けの衣料を作っています。あなたなら彼女を、時給三三セントで雇うことができますよ」。

(206) Anthony Giddens, *The Nation-State and Violence* (Berkeley: University of California Press, 1987), pp.148-71.

(207) Geoge Ritzer, *The McDonaldization of Society* (Thousand Oaks, CA: Pine Forge Press, 1993).〔邦訳：ジョージ・リッツア著『マクドナルド化する社会』(正岡寛司訳、早稲田大学出版部、一九九九年)〕

(208) Jerry Mander, 'The Rules of Corporate Behavior,' in Mander and Goldsmith, eds., p. 321 より引用。

(209) David Harvey, *The Condition of Postmodernity* (Oxford: Basil Blackwell, 1989), p. 159.〔邦訳：デヴィッド・ハーヴェイ著『ポストモダニティの条件』(吉原直樹監訳、青木書店、一九九九年)〕

(210) Harvey, pp. 159-60, 233-9.

(211) Gilles Deleuze and Félix Guattari, *A Thousand Plateaus*, trans. Brian Massumi (Minneapolis: University of Minnesota Press, 1987), p. 13.〔邦訳：ジル・ドゥルーズ＋フェリックス・ガタリ著『千のプラトー　資本主義と分裂症　上・中・下』（宇野邦一・小沢秋弘・田中敏彦・豊崎光一・宮林寛・守中高明訳、河出文庫、二〇一〇年）〕　ここでの用語法は難しい。なぜなら、ドゥルーズとガタリは「地図」という語を、セルトーが用いたのとはほとんど真逆の仕方で用いているからである。ドゥルーズとガタリにとって「複写」とは、空間を均質化して取り込む「能力」なのである。これに対して「地図」とは、「リゾーム状」であって、逃走線を引き起こすものとされている。
Deleuze and Guattari, pp. 12-20.

(212) たとえば、Helena Norberg-Hodge, 'The Pressure to Modernize and Globalize' in Mander and Goldsmith, eds., pp. 33-46 を見よ。この論文は、北インドはラダック地方に住む人びとの伝統的な文化がグローバリゼーションによって破壊的な影響を被ったことを、明らかにしている。著者はいう。インドにおける民族紛争は主として、グローバリゼーションによって引き起こされた競争や欠乏、そして度を超えた欲望の産物である。

(213) Harvey, pp. 271, 293-6.

(214) Harvey, pp. 295-6.

(215) 手を大きく広げて、美しい砂漠を貫くハイウェイに立つ若者を描いたイラスト画が、私の手元にある。若者の周りにはスローガンが記されており、それは「違いを発見しろ」「普通でないものを探せ」「別の道を歩め」「典型を忘れろ」「当たり前なんてない」「当たり前を捨てろ」というものだ。このイラスト画が印刷されているのが、タコベルの紙皿である。

（216）Kenneth Surin, ‘A Certain “Politics of Speech”: “Religious Pluralism” in the Age of the McDonald’s Hamburger,’ *Modern Theology* 7/1 (October 1990), p. 74.

（217）あとの方のフレーズは、キャサリン・ピックストックが *After Writing: On the Liturgical Consummation of Philosophy* (Oxford: Basil Blackwell, 1998), pp. 121-66 で示した、中世ヨーロッパにおける気の利いた聖餐論にある。ピックストックはこのフレーズを、聖餐をめぐる宗教改革期の論争から引き出している。

（218）Harvey, pp. 284-6.

（219）不幸なことに、私ではこうした豆を作れない。

（220）Fredric Jameson, *Postmodernism, or, the Cultural Logic of Late Capitalism* (Durham, NC: Duke University Press, 1991), p.x.

（221）Jameson, p. 18.

（222）Jameson, p. 27.

（223）Jameson, p.xii.

（224）Thomas Aquinas, *Oposculum VII*, ‘In Symbolum Apostulorum, scil., *Credo in Deum*, Expositio,’ quoted in Avery Dulles, *The Catholicity of the Church* (Oxford: Clarendon Press, 1985), p. 181.

（225）「セクト主義」を非難する次のコメントを見よ。Oliver O’Donovan, *The Desire of the Nations: Rediscovering the Roots of Political Theology* (Cambridge: Cambridge University Press, 1996), p. 216.

（226）Dulles, *The Catholicity of the Church* (Oxford: Clarendon Press, 1985) p. 14.

（227）Henri de Lubac, *The Motherhood of the Church*, trans. Sr Sergia Englund (San Francisco: Ignatius Press,

1982), p. 174.

(228) Hans Urs von Balthasar, *Explorations in Theology IV: Spirit and Institution*, trans. Edward Oakes, SJ (San Francisco: Ignatius Press, 1995), pp. 65-6.

(229) John Zizioulas, *Being as Communion: Studies in Personhood and the Church* (Crestwood, NY: St Vladimir's Seminary Press, 1985), p. 155.

(230) de Lubac, p. 206.

(231) 脚注でド＝リュバクはコメントしている。最初の三世紀に「カトリック教会」という語は地域の教会を表すためだけに用いられた、というジジウラスの主張はちょっといい過ぎである。「それにもかかわらず、いわゆる『普遍的』との違いを明らかにしたという点では、この主張は満足できるものである」。De Lubac, p. 177 n.23.

(232) de Lubac, pp. 199-202. ド＝リュバクは「地域の教会」という語を、固有の典礼と規律を有する東方典礼教会のような団体を示すために用いる。これに対して、本論の目的に照らし合わせて、私は「地域」と「特殊」とを互換的に用いて、特定の場所において聖餐を囲んで集合した共同体に言及することにする。

(233) Zizioulas, pp. 150-2.

(234) Miri Rubin, *Corpus Christi: The Eucharist in Late Medieval Culture* (Cambridge: Cambridge University Press, 1991) および Sarah Beckwith, *Christ's Body: Identity, Culture, and Society in Late Medieval Writings* (London: Routledge, 1993) を見よ。

(235) Certeau, pp. 115-30.

(236) Certeau, pp. 116.

(237) Certeau, pp. 125.

(238) フレデリック・バウアーシュミットの指摘するところでは、特定の実践に対する抵抗は、修道院や貧困者のための給食施設といった制度をしばしば必要とするという方法論を、セルトーは十分に評価していなかった。制度というものは、なるほど静止しているように見えるが、ひとつの歩み方なのである。'Walking in the Pilgrim City,' *New Blackfriars* 77, no.909 (November 1996), pp. 504-17.

(239) Geoffrey Wainwright, *Eucharist and Eschatology* (New York: Oxford University Press, 1981) を見よ。

(240) Augustine, *Confessions* III, 1, trans. Henry Chadwick (Oxford: Oxford University Press, 1991), p. 35.

(241) キャサリン・ピックストック〔Catherine Pickstock〕はこの点を近日公刊される *Modern Theology* に掲載される 'Liturgy, Art and Politics' で主張している。

(242) Jean-Luc Marion, *God without Being*, trans. Thomas A. Carlson (Chicago: University of Chicago Press, 1991), p. 156. また、Frederick Baumerschmidt, 'Aesthetics: The Theological Sublime' in *Radical Orthodoxy: A New Theology*, eds. John Milbank, Catherine Pickstock, Graham Ward (London: Routledge, 1999).

(243) Augustine, VII, 10, p. 124.

(244) ここでパウロが念頭に置いていたのは「仲間意識」以上のもので、キリストの体における真の「共生」であり、生の共通の源泉だった。そのようにジェローム・マーフィ＝オコナー〔Jerome Murphy-O'Conner〕は強調する。共同体は一つであり、共同体はキリストなのだ。'Eucharist and Community in First Corinthians' in *Living Bread, Saving Cup: Readings on the Eucharist*, ed. R. kevin

Seasolz (Collegeville, MN: The Liturgical Press, 1982), pp. 1-30.

（245） Rutilio Grande, SJ, quoted in Jon Sobrino, *Jesus in Latin America* (Maryknoll, NY: Orbis Books, 1987), pp. 96-7.

（246） ミサの一本化をめぐってなされた論争について説明しているのは、James R. Brockman, *Romero: A Life* (Maryknoll, NY: Orbis Books, 1989), pp. 9-18.

訳者あとがき1

本書は、William T. Cavanaugh, *Theopolitical Imagination*, T&T Clark, 2003という重要な書物の邦訳である。著者のウィリアム・キャヴァノーは、私の友人スタンリー・ハワーワスがアメリカのノートルダム大学で教えていたときの優秀な学生だった。ハワーワスは自らの著書『信仰を行為する』(*Performing The Faith*, Brazos Press, 2004)で「自分がノートルダムで教えていたときの学生の一人がキャヴァノーだったということは、最も重要なことである」と述べている。またハワーワスが9・11同時多発テロの後で出した『終わりに近づく』(*Approching the End*, Eerdmams, 2013)において、聖餐式における「キリストの体」とグロバリゼーションを論じた個所で、「キリストの体なる教会」とキリスト者の証しのあり方を的確に示したキャヴァノーの聖餐論を紹介していた。

キャヴァノーには、南米の状況を論じて現代アメリカ社会に重要な刺激を与えた『拷問と聖餐』(*Torture and Eucharist*, Blackwell, 1998)という神学書があるだけでなく、さらに大部な『政治神学必携』(*The Blackwell Companion to Political Theology*, Blackwell, 2004)も手がけている。

いずれにしても本書『政治神学の想像力』は、日本におけるキリスト教神学、とりわけ公共神学を活性化してくれるに違いない。そして、そのことによって教会が日本社会において果たすべき役割についても、われわれの認識を深めてくれるであろう。

東方敬信

訳者あとがき2

単著という形では初めて日本語で紹介されるウィリアム・キャヴァノー氏の横顔については、東方教授が簡潔にまとめてくださった。そこで、ここでは翻訳書としての本書にかかわる説明をまず行っておきたい。

訳語の決定に最後まで逡巡したのが、他ならぬタイトルである。原題は *Theopolitical Imagination* だが、では theopolitical をどういう日本語に置き換えればいいのだろう。キャヴァノー氏に問い合わせたところ、それは神学と政治との不可分性を表現するための造語だ、との返答を得た。特定の権威を神聖化しようとする点で政治の営為は神学を含むし、特定の空間と時間の中に人間を位置づけようとする点で神学の営為と政治は重なる。そう信じる氏が政治神学（political theology）を「theopolitical な現実の研究」と定義するのを受けて、このたびの邦題は作られた。読者の皆さまのご理解を請う次第である。

本文の訳出に際しては、たとえば原書にはない接続詞を補うなどして、何よりも読みやすさを心がけた。もちろん、凡例に準ずる原則も立てていたので、これを数点示しておく。

（一）特に日本の読者になじみがないと判断した専門用語等には、〔　〕内で簡単な説明を行った。
（二）固有名詞の表記は主として『岩波キリスト教辞典』（岩波書店、二〇〇二年）に依った。
（三）引用や注などで用いられた文献に邦訳書が既に存在する場合には、極力これに依拠することとし、その書誌情報も補っておいた。ただし、訳文の流れを活かすべく、英語原文の訳出を優先した個所もあるし、邦訳書で使用された語句や表現を変えた場合もある。
（四）聖書からの引用文は日本聖書協会刊行の「新共同訳」および「聖書協会共同訳」に依拠したが、ここでも上記（三）の方針が踏襲されている。
（五）特に第一章で、「ストーリー」という語と「物語」というそれが頻出する。前者は story の訳語であり、後者は narrative のそれである。わざわざカタカナを用いることに躊躇も覚えたが、キャヴァノー氏もそこに属するスタンリー・ハワーワスの学派が重んじるnarrative theologyは「物語の神学」と訳されることが一般化しているようなので、これら二つの英単語の訳し分けにこだわった次第である。ただし、「日本語版への序文」は、この限りでない（なお、直前で触れたハワーワスの学派については、東方敬信『物語の神学とキリスト教倫理』教文館刊を参照されたい）。

さて、「はしがきと謝辞」において著者自らが認めているように、本書は決して大部な作品ではない。難解きわまる英語で書かれているわけでもない。しかし、カトリック政治神学者として発信をし続けているキャヴァノー氏の問題意識が凝縮している内容であるため、翻訳作業に際しては思いのほか集中力の持続が求められた。このことを、本書の刊行を待ってくださっていた方々に対する申し開きとして述べておく。

内容については読者一人ひとりが批判的に吟味していただきたいし、そうした読み方を最も歓迎するのがキャヴァノー氏その人である。ここでは一点だけ、「日本語版への序文」の執筆をお願いする際にキャヴァノー氏と交わしたメールをもとに、本書の意義の一端に触れてみたい。

前世紀の後半以降、日本の特にプロテスタントのキリスト教徒からは、国家に対する神学的な問題提起が何度もなされてきた。先の大戦中における彼ら彼女らの経験からすれば、当然ではあるし、そうした先人たちの営為から多く学んだことを、私も告白できる。しかし、では国家ならざる市民社会は、あるいはグローバリゼーションはどうであろうか。これらに対して日本のキリスト教徒はどう向き合っていくべきなのか。二一世紀に固有なこうした問いに対する回答をめぐっては、教界内でまだまだ議論が続いている。

しかるに、章立てからも明らかなように、キャヴァノー氏はこの難問に果敢に取り組む。もちろん、その所説に対しては賛否が分かれるであろう。たとえば、聖餐の場に、国家も市民社会もグローバリゼーションも相対化できる共同体のモデルを見出そうとする氏のスタンスは、多くの読者を戸惑わせるに違いない。「教会の単なる自己正当化に陥ってしまうのではないか」「制度設計につながっていく議論なのか」等々、疑問も数多く寄せられるはずである。けれども、本書で示された主張は、単にカトリック的だといって片付けるにはあまりにも惜しい余韻を伴っている。この余韻が何に由来するのか。それを反省することは、二一世紀におけるキリスト教政治神学の構想に必ずや資するはずである。訳者たちはそう信じて疑わない（キャヴァノー氏が大きく関わっている、現代英米圏における政治神学の動向については、原田健二朗「ポスト世俗主義的政治神学の思想史的基礎――イギリスにおけるラディカル・オーソドクシー学派――」（『思想』二〇一八年第一二号）が最良の見取り図を提供している）。

公刊にあたっては、多くの方から協力と励ましを受けた。ここでは特に、三名の方のお名前を挙げて謝意を表したい。

まず、慶應義塾大学大学院法学研究科の博士課程に在籍する相川裕亮君と板倉圭佑君。もう数年前になるが、アメリカで資料収集をしていた相川君は直接キャヴァノー氏の研究室を訪ね、本翻訳の企画と日本語版への序文執筆とにかかわる本人からの了解をシカゴ土産にしてくれた。また板倉君からは特に、訳者が不案内なフランス現代思想にかかわるアドバイスをいただいた（もちろん、訳出にかかわる責任を訳者が負うことは、改めていうまでもない）。

そして何より、新教出版社社長の小林望氏の名をここに付け加える。

小林氏は本書の重要性を早くから認識し、これが本邦に紹介されることを強く願っておられた。神学と政治学をそれぞれ専攻する訳者たちを引き合わせてくださったのも、小林氏である。ちなみに、顔合わせの場として小林氏が選んでくれたイタリア料理店の名は「マキャベリ」だった。今にして思うと、象徴的である。エディターとしてだけでなく、本企画を通じて改めて確認できたコーディネーターとしての小林氏の能力は、場所と時代を変えれば、動乱の世を生き抜く権謀術数にも転用できただろうから。

最後に。東方教授の了解も得たので、共訳書のしきたりに反する恐れがあるが、ひと言付け加えることを読者の皆さまにもお許しいただきたい。

本書を、愚図な息子を常に一生懸命に働いて支えてくれた父・敬雄と、自分のことを後回しにして家族をいつも心配ばかりしている母・洋子に捧げる。

田上雅徳

訳者
東方敬信（とうぼう・よしのぶ） 1944年生まれ。青山学院大学、東京神学大学で学ぶ。青山学院大学名誉教授。著書に『H·リチャード・ニーバーの神学』（日本基督教団出版局）、『物語の神学とキリスト教倫理』『神の国と経済倫理』『生きるための教育』『文明の衝突とキリスト教』（以上、教文館）など。
田上雅徳（たのうえ・まさなる） 1963年生まれ。慶應義塾大学で学ぶ。慶應義塾大学法学部教授。著書に『初期カルヴァンの政治思想』（新教出版社）、『紛争と和解の政治学』（共著・ナカニシヤ出版）、『岩波講座 政治哲学1 主権と自由』（共著·岩波書店）、『入門講義 キリスト教と政治』（慶應義塾大学出版会）など。

政治神学の想像力
政治的実践としての典礼のために

2020年2月1日　第1版第1刷発行

著　者……ウィリアム・T・キャヴァノー
訳　者……東方敬信、田上雅徳

装　丁……宗利淳一

発行者……小林　望
発行所……株式会社新教出版社
〒162-0814 東京都新宿区新小川町 9-1
電話（代表）03 (3260) 6148
http://www.shinkyo-pb.com
印刷・製本……モリモト印刷株式会社

ISBN 978-4-400-42773-5　C1016